RAGE AGAINST THE MACHISME

Mathilde Larrère est enseignante-chercheuse, agrégée et docteure en histoire, spécialiste du XIXe siècle. Elle enseigne à l'université Gustave-Eiffel ainsi qu'à l'Institut d'études politiques de Paris, et intervient régulièrement dans des universités populaires. Elle a par ailleurs formé de nombreux publics sur l'histoire des luttes des femmes pour leurs droits, notamment dans le cadre d'associations féministes comme Les Effrontées ou Nous toutes. Elle tient également une chronique d'histoire pour « Arrêt sur images » et pour *Politis*, où elle codirige avec Laurence De Cock la rubrique « L'Histoire n'est pas un roman ».

MATHILDE LARRÈRE

*Rage against
the machisme*

Illustrations de Fred Sochard

ÉDITIONS DU DÉTOUR

La Femme du soldat, p. 139 : paroles de Magyd Cherfi,
musique de Françoise Chapuis ; © LKP.
Penn Sardin, p. 161 : paroles de Claude Michel ; © Claude Michel.
Djamila Bouhired, p. 182 : texte et musique des frères Rahbani,
traduction M. Belamine.
Douce Maison, p. 226 : paroles et musique d'Anne Sylvestre,
Éditions BC Musique ; © Anne Sylvestre/BC Musique.

© Éditions du Détour, Bordeaux, 2020.
ISBN : 978-2-253-10455-1 – 1re publication LGF

INTRODUCTION

> On se lève. On se casse.
> On gueule. On vous emmerde.
>
> Virginie Despentes,
> *Libération*, 1er mars 2020.

7 mars 2020. Des associations féministes se sont donné rendez-vous place des Fêtes, à Paris, pour une manifestation nocturne jusqu'à République, la veille de la Journée internationale des droits des femmes – que d'aucuns persistent à appeler la «Journée de la fâââââme» (et des robots ménagers). Joyeuse, revendicatrice, massive, la manifestation se déploie aux chants de «Nous sommes fortes, nous sommes fières, et féministes et radicales et en colère !». Slogans, pancartes, graffitis et collages laissés sur le trajet donnent à lire tous les enjeux féministes du moment. Les allusions au César attribué quelques jours auparavant à Roman Polanski («J'accuse l'homme, j'emmerde l'artiste» graffité à République), au départ d'Adèle Haenel de la cérémonie, à la prise de parole d'Aïssa Maïga, au film de Céline Sciamma, sont nombreuses : «Nous sommes l'Armée d'Adèle», «Vous n'éteindrez pas les jeunes filles en feu». Le «On se lève. On se

casse. On gueule. On vous emmerde » du texte claque de Virginie Despentes est souvent repris, parfois radicalisé en « On se casse plus, on casse tout ! » ou « On se lève et on se soulève ! ». Les colleuses de Stop féminicides sont à l'action. L'appel à la radicalité, à l'action directe est assumé : « J'ai hésité entre une pancarte et un lance-flammes », « Prends garde, sous nos seins, la grenade », « La *cup* est pleine, et ça va saigner ». « Ni la terre ni les femmes ne sont des territoires de conquête », peut-on lire sur la banderole de tête des éco-féministes. « Rage féministe » est tagué à la sortie du métro. Les féministes s'affichent anticapitalistes, antiracistes, internationalistes. Les associations LGBTQIA+ sont très présentes : « *God Save the* Gouines » sur les murs.

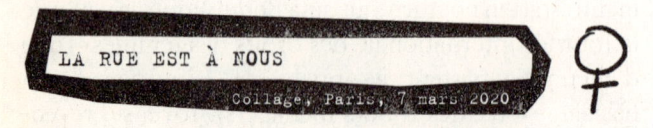

> LA RUE EST À NOUS
> Collage, Paris, 7 mars 2020

Mais les forces de l'ordre gazent ces milliers de femmes qui crient « *Siamo tutti antifascisti* » en claquant dans leurs mains. Puis les matraquent, les traînent, les poussent dans le métro, en arrêtent une demi-dizaine qui passeront plus de vingt-quatre heures en garde à vue. Une amie, place de la République, garde le moral et nous dit : « C'est bon, ils nous prennent enfin au sérieux ! »

Il faut avouer que, dans une histoire du féminisme faite de flux et de reflux, nous vivons depuis quelques années un flux magnifique – « déter », comme on dit ! Pour moi qui ai connu les 8 mars maigrichons où nous ne parvenions qu'à peine à arrêter la circulation… Quel changement, quel souffle !

───※───

Il est d'usage de parler de « troisième vague » pour qualifier ce moment féministe, qui ne saurait se limiter à la France mais concerne le monde entier : 2018 fut l'année où le plus de femmes se sont mobilisées dans le monde, entre les *Women's Marches* massives aux États-Unis, la mobilisation des Irlandaises, des Argentines, puis des Polonaises pour le droit à l'interruption volontaire de grossesse (IVG). L'année 2019 a été marquée par d'intenses mobilisations contre les violences faites aux femmes : « *El violador eres tú* » (« Le violeur, c'est toi ») des Chiliennes est devenu l'hymne international contre l'oppression, les violences sexuelles et leur impunité aux quatre coins de la planète. Mais ce sont aussi des années de recul, ce que l'on appelle le *backlash* (retour de bâton) : si l'IVG a été arrachée par les Irlandaises, les Argentines ont perdu ce combat et le gouvernement polonais tente régulièrement de revenir sur ce droit. Viktor Orbán, en Hongrie, dénonce l'égalité femme-homme ; Jair Bolsonaro, au Brésil, a placé son mandat sous le signe de l'antiféminisme ; et Polanski, sous le feu d'accusations de violences sexuelles, a donc reçu en France un César du meilleur réalisateur, avec les applaudissements de la salle… Le confinement que nous avons vécu en 2020 a partout accentué les discriminations, violences, inégalités de genre, menacé le droit à l'IVG, aggravé la charge mentale ; ce alors que les professions féminines, sous-payées, étaient en première ligne, face au Covid-19.

✦

« Troisième vague », donc… La « deuxième » étant celle des années 1970, et la « première », celle des suffragettes de la fin du XIXe siècle et du début du XXe. Mais avant ? Il n'y aurait rien ? Pas de vague ? Calme plat ? Toutes ces femmes qui ont lutté pour leurs droits avant la fin du XIXe siècle, on les oublie ? Voilà bien ce qui me gêne dans cette terminologie : l'effacement de décennies de combats et de bataillons de combattantes. Alors certes, le mot « féminisme » est tardif et date bien de la « première vague ». On le doit à Hubertine Auclert, qui s'approprie en 1882 un mot d'abord utilisé dans un sens péjoratif par Alexandre Dumas fils, dans *L'Homme-Femme* (1872) – un pamphlet misogyne, lequel l'empruntait lui-même au vocabulaire médical où il désignait une féminisation des hommes atteints par un certain type de tuberculose. Pour autant, à partir du moment où l'on nomme « féministes » celles ou ceux qui défendent l'égalité femme-homme (et dénoncent les inégalités, violences et discriminations), on ne saurait dire qu'il n'y avait pas de « féministes » avant la « première vague » de la fin du XIXe siècle ! On pourra toutefois considérer la Révolution comme point de départ, non pas des luttes « de » femmes, mais des luttes « des » femmes. S'il y a eu avant des femmes qui, par leurs textes, leurs prises de position, leurs actions, ont porté des combats que l'on peut dire féministes, c'est surtout à partir de la Révolution que ceux-ci se déploient. Parce que la Révolution accouche de la citoyenneté, de l'espace public, des libertés publiques, parce que des femmes commencent, en tant que femmes, entre femmes, un processus d'organisation, d'association dans leur lutte, et, ce faisant, deviennent un mouvement.

L'autre défaut de cette image des vagues est de tendre à associer une vague à une lutte – le droit de vote pour la première, l'IVG pour la deuxième, et la bataille du corps et de l'intime pour la troisième. Une lecture qui, déjà, ne laisse pas de place aux combats féministes pour le travail, pour le droit au travail, pour les droits des travailleuses; lesquels s'inscrivent pleinement sur la longue durée et suivant un calendrier qui leur est propre. Donc une lecture qui évacue le prisme de la classe et de la lutte des classes, pourtant menée aussi au féminin, et parfois même contre le mouvement ouvrier. Les ouvrières ne sont pas les seules invisibilisées par cette lecture : les femmes racisées, les homosexuelles peinent aussi à trouver place dans le roman national féministe.

Qui plus est, à trop associer une « vague » à une lutte, on en oublierait que, tout au long de l'histoire des luttes des femmes, presque toutes les revendications ont été portées ensemble. Les femmes de 1848 (Jeanne Deroin, Eugénie Niboyet, Désirée Gay) réclamaient les droits sociaux et le droit de vote.

Les suffragettes de la fin du XIXe siècle (Marguerite Durand, Hubertine Auclert) défendaient aussi le «À travail égal, salaire égal». Madeleine Pelletier a été jugée et condamnée en 1939 pour avoir défendu le droit à l'IVG. Les femmes du Mouvement de libération des femmes (MLF) sont allées soutenir dans les années 1970 de nombreuses grèves. L'on pourrait croire que certaines revendications sont très récentes, comme la non-mixité, ou l'écriture inclusive. Il n'en est rien. Les femmes protestent depuis le XVIIe siècle contre la masculinisation de la grammaire ; les femmes de 1848 avaient inventé des formes graphiques pour inclure les femmes dans l'universel du peuple souverain ; Hubertine Auclert imposait la féminisation de nombreux mots... Et les clubs révolutionnaires de 1792, ceux de 1848, de la Commune de 1871, ou le MLF étaient déjà non mixtes. Les luttes se croisent, se répondent, se tendent donc la main dans le temps. Finalement, la discontinuité de l'histoire des luttes féministes est plus à chercher dans l'écoute sélective des revendications des femmes, et la mémoire plus sélective encore qu'on en a, que dans le contenu de leurs revendications.

> Il est temps que les femmes arrêtent d'être aimablement énervées.
> Leymah Gbowee, travailleuse sociale et militante

Pour autant, on ne saurait nier la progression du combat féministe. Nous avons aujourd'hui plus de droits et de reconnaissance que nos mères, qui en avaient elles-mêmes plus que leurs propres mères. À chaque charge, des digues cèdent et les femmes gagnent du terrain. Les femmes du XIXe siècle doivent batailler sur les fronts essentiels de la capacité civile – elles qui, dans le Code napoléonien de 1804, étaient traitées comme des mineures; mais aussi sur le front de l'instruction quand on leur ferme les portes des écoles; et sur le front du travail où elles ne touchent que la moitié du salaire d'un homme – et encore, quand on veut bien leur reconnaître le droit au travail. La question du vote n'en est pas moins importante, mais, pour nombre d'entre elles, il passe après. Les premières victoires permettent de se focaliser, à la fin du XIXe siècle, sur le droit de vote qui semble alors l'outil nécessaire pour emporter les autres combats. Le vote acquis, tardivement (1944!), le féminisme peut se tourner vers de nouvelles batailles jusqu'alors minorées sans être absentes: la maîtrise de son corps, de la maternité, la lutte contre les violences faites aux femmes, le refus d'être réduites à n'être que des objets de désir évalués par le regard masculin.

Les vagues ne correspondent donc finalement pas à des moments où des femmes «prennent la parole» (ce qu'elles tentent toujours de faire), mais plutôt aux rares moments où l'on daigne les écouter, les entendre – pour assez vite tenter de les faire taire et de les renvoyer aux fourneaux. Les femmes profitent souvent des séquences révolutionnaires qui, généralement, permettent à d'autres voix que celles des dominants de s'exprimer. C'est vrai tout au long du XIXe siècle, mais aussi après 1968.

> Nous devons libérer la moitié de la race humaine, les femmes, afin qu'elles puissent nous aider à libérer l'autre moitié.
>
> Emmeline Pankhurst, femme politique

Je voudrais ici présenter l'histoire des luttes des femmes, en France, sur plus de deux siècles. « Qu'en France ? » regretterez-vous sans doute. Moi aussi, notez. Mais ce sera sans doute l'objet d'un autre livre, d'une ou de plusieurs autres historiennes spécialistes de ces espaces et de ces mouvements. Ce qui ne m'interdit pas de réfléchir aux apports d'un féminisme qui a toujours été international, transnational, comme aux distances, aux aveuglements parfois aussi, face aux combats de nos sœurs lointaines.

J'ai bien conscience aussi que les femmes ne sont pas, n'ont jamais été égales entre elles, que leurs chances d'être égales aux hommes sont bien inégalement distribuées. Entre une femme énarque à la tête d'une administration publique et une ouvrière à l'usine, entre une prof d'université et une étudiante obligée de bosser le week-end, entre une Blanche et une femme racisée, il y a toute la distance des classes sociales, des discriminations raciales. Si, comme femmes, il y a des situations dans les relations avec les hommes qu'elles pourront toutes partager, le risque est bien plus grand pour une femme d'être discriminée, stigmatisée, violentée, maltraitée par la justice, invisibilisée et silenciée si, en plus d'être femme, elle n'est ni riche, ni blanche, ni de nationalité française, ni hétérosexuelle.

Malheureusement, certaines féministes semblent aveugles à cette réalité. Pire, certaines reprennent aujourd'hui à leur compte le concept d'«universel» pour justifier cet aveuglement, semblant oublier combien ce même concept a été instrumentalisé des siècles durant pour justement exclure les femmes. Tristesse donc de voir ce mot, «universel», qui devrait être inclusif, utilisé pour exclure.

~~~~~~

Pourtant les femmes des classes populaires, les femmes racisées et les lesbiennes ont considérablement apporté aux luttes féministes françaises. De la Révolution française à la fin du XIXe siècle, ce sont très majoritairement des ouvrières qui ont mené la lutte pour les droits des femmes ; elles aussi qui ont porté à bout de bras la lutte pour les droits des travailleuses. La première femme à avoir osé poser la question de son viol de façon publique, dans un prétoire, est la combattante algérienne Djamila Boupacha, en 1960, suivie en 1978 de deux lesbiennes, Anne Tonglet et Araceli Castellano, violées dans les calanques de Cassis ; toutes trois défendues par l'avocate et féministe franco-tunisienne Gisèle Halimi. Deux procès essentiels pour que la lutte des femmes débouche sur la très tardive définition juridique du viol (1980).

Dans l'histoire du féminisme, on a occulté l'importance des homosexuelles. S'il est difficile de la mesurer tout au long du XIXᵉ siècle et une partie du XXᵉ dans un contexte d'homophobie et donc de silence des femmes sur leurs orientations sexuelles, tout change autour des années 1960-1970, quand l'identité lesbienne devient une identité collective, portée politiquement – brandie même. On leur doit alors une grande partie de la production théorique et pratique. Les lesbiennes ne s'en sont pas moins retrouvées doublement marginalisées, à l'intérieur du mouvement LGBT qui reproduisait la domination masculine des gays, et à l'intérieur du mouvement féministe (comme l'ont montré les travaux de Judith Butler, de Christine Bard, et plus récemment la thèse d'Ilana Eloit), les obligeant à construire des espaces d'autonomie entre les deux. C'est ainsi que naît, en avril 1971, le mouvement des Gouines rouges autour, notamment, de Marie-Jo Bonnet, Christine Delphy et Monique Wittig. Ce sont elles qui ont permis de comprendre à quel point la domination masculine repose sur l'hétérosexualité obligatoire et sur les contraintes qui pèsent sur le corps et la sexualité des femmes (on pourra citer « La Pensée straight » et « On ne naît pas femme », deux articles de Monique Wittig parus en 1980). Par leurs analyses politiques parfois plus radicales que celles de leurs sœurs hétérosexuelles, les lesbiennes ont puissamment contribué à dénoncer l'oppression subie par toutes les femmes, apportant arguments et armes théoriques, et appelant à des répertoires d'action plus subversifs. De nos jours, les mouvements queer, transgenre et intersexe jouent aussi un rôle essentiel pour dynamiser le féminisme, mais plus encore pour l'obliger à se questionner sur ses manques, ses angles morts, ses impasses et la façon dont il peut perpétuer des « invisibilisations » d'autres femmes, des discriminations.

> Personne n'a pris la peine de parler de la façon dont le sexisme opère à la fois indépendamment du racisme et simultanément à celui-ci pour nous opprimer.
>
> Bell Hooks, professeure et écrivaine

Ce que font aussi les afro-féministes. Depuis les mouvements féministes des femmes colonisées puis décolonisées, depuis le *black feminism* états-unien des années 1970, l'afro-féminisme percute (pour son bien, mais non sans frictions) le féminisme français. Awa Thiam, chercheuse en anthropologie, Sénégalaise, qui a fondé en 1976 la Coordination des femmes noires et écrit en 1978 *La Parole aux négresses*, reste injustement méconnue parmi les féministes des années 1970. Il reste pourtant encore beaucoup à faire face à l'occultation, parfois au déni, des problématiques du racisme dans le féminisme français.

Le féminisme ne peut se raconter au singulier. Il a toujours été constitué d'une hétérogénéité de groupes de femmes, traversé de différents courants et visées politiques, animé de conflits internes souvent violents, ouvert mais dans le même temps parfois fermé aux combats des femmes des autres pays, parfois même aux combats de femmes invisibilisées, discriminées dans notre pays.

Pour celles et ceux qui luttent aujourd'hui encore pour l'égalité femme-homme, il est important de pouvoir se saisir de cette histoire longue, complexe des combats. Nous avons un passé, nous avons une histoire ! Essayons de la raconter.

LE PEUPLE SOUVERAINS

Essayez de faire un article, un tweet, un post avec un point médian, ou le mot « autrice », et… ouvrez le parapluie à trolls ! La violence de la réaction que cela suscite tend à démontrer l'enjeu de cette lutte, pourtant présentée comme secondaire et inutile par ses détracteurs (et détractrices !). Mais nombreux pensent que c'est là une nouvelle lubie des féministes du XXIe siècle, « devenues folles » si l'on en croit *Valeurs actuelles* (12 mars 2020).

Détrompez-vous ! Les femmes se sont dressées contre la masculinisation de la langue depuis que celle-ci a été imposée par les grammairiens et académiciens du XVIIe siècle. Au début de la Révolution française paraît une brochure présentant des positions assez radicales en matière d'égalité femme-homme, et entre autres : « Le genre masculin ne sera plus regardé, même dans la grammaire, comme le genre le plus noble. »

Des recherches récentes tendent à attribuer cette *Requête des dames à l'Assemblée* à des hommes cherchant à déconsidérer les luttes des femmes par une présentation alors outrancière de leurs revendications : comme *Valeurs actuelles* de nos jours en quelque sorte ! Reste que le débat était alors déjà d'actualité. La *Déclaration des droits de la femme et de la citoyenne* d'Olympe de Gouges (1791) porte la critique du faux « neutre masculin », comme les féministes de nos jours qui cherchent à imposer le terme « droits humains » au lieu de l'ambigu « droits de l'homme ». En 1848, Jeanne Deroin se refuse à parler du « suffrage universel » et lui accole systématiquement l'adjectif « masculin » pour protester contre la privation des urnes. Dans *La Voix des femmes*, journal entièrement rédigé et administré par des femmes en 1848, on écrivait « le peuple souverainS », à nouveau pour essayer de contrer le neutre masculin et inclure les femmes dans cette souveraineté. Hubertine Auclert déclarait en 1898 :

« L'omission du féminin dans le dictionnaire contribue plus qu'on ne le croit à l'omission du féminin dans le droit. L'émancipation par le langage ne doit pas être dédaignée. [...] La féminisation de la langue est urgente puisque, pour exprimer la qualité que quelques droits conquis donnent à la femme, il n'y a pas de mots. [...] Quand on aura révisé le dictionnaire et féminisé la langue, chacun de ses mots sera, pour l'égoïsme mâle, un expressif rappel à l'ordre.»

«L'Académie et la langue», *Le Radical*, 18 avril 1898.

Chapitre 1

« NOUS QUI SOMMES SANS PASSÉ, LES FEMMES, NOUS QUI N'AVONS PAS D'HISTOIRE. »

L'HISTOIRE

de l'histoire des femmes

Longtemps l'histoire produite, publiée et enseignée a été une histoire produite par des hommes, à partir de sources écrites par des hommes, et qui faisait le récit de l'histoire des hommes. Une histoire qui laissait croire que l'on parlait de l'espèce humaine (hommes et femmes) mais qui, en y regardant de plus près, ne parlait que de la moitié de l'humanité – la moitié masculine. On parlait des hommes (forcément grands), des foules dans lesquelles on ne voyait que des hommes, des ouvriers, sans parler des ouvrières…

Alors certains disaient : ben oui, c'est normal, ce sont des hommes qui sont au pouvoir politique, économique, culturel… Certes, mais pourquoi ? Et pourquoi ne pas écrire l'histoire de cette monopolisation, de cette exclusion ? La questionner au lieu de la reproduire ? Pourquoi parler des rois de France sans noter qu'il n'y a pas de reine (alors qu'il y en a au Royaume-Uni, en Autriche…) et l'expliquer ? Pourquoi dire que le suffrage universel est instauré en 1792, puis à nouveau en 1848, sans dire : « suffrage universel masculin », sans expliquer ce qui a conduit à priver les femmes du droit de vote ? Par ailleurs, est-ce que cela ne traduit pas aussi qu'on ne faisait que l'histoire de ceux qui étaient au pouvoir ? L'histoire, ça ne devrait pas être que ça... Dès que l'on aborde l'histoire sociale, dès que l'on quitte les hémicycles, les palais, les ministères pour aller dans les campagnes, les ateliers, les rues, on trouve plus de femmes.

Le problème est que, pour faire de l'histoire, il faut des sources, en général des écrits. Or qui écrit massivement ? Les hommes.

Ne serait-ce que parce que, longtemps, on ne s'est guère préoccupé d'apprendre aux femmes à lire et à écrire. Quant aux femmes qui écrivaient, encore fallait-il qu'elles trouvent un éditeur pour nous laisser plus de chance de retrouver leurs textes aujourd'hui... Aussi, pour relater l'histoire des femmes, il faut aller chercher d'autres traces, d'autres sources – vous noterez que ce que je dis sur les femmes et leur histoire vaut pour les autres dominés, les classes populaires, les étrangers, les non-Blancs, les colonisés.

> Le plus souvent dans l'histoire, "anonyme" était une femme.
>
> Virginia Woolf, écrivaine

L'invisibilité des femmes dans la discipline historique correspondait à une invisibilité des femmes dans l'Université. Évidemment, ce n'est pas une coïncidence mais plutôt une des causes : jusque dans les années 1960, tous les professeurs de l'Université étaient des hommes ; les femmes n'y avaient que des postes d'assistantes. Elles faisaient des recherches, des travaux, mais ceux-ci n'étaient pas publiés ou ne leur ouvraient pas les portes de l'institution. Combien d'historiens archiconnus de ces années-là ont pu faire leurs travaux parce que leurs manuscrits étaient relus, tapés par leur femme ou leurs assistantes, qui souvent allaient également faire le travail de relevé en archives ? Sans autre reconnaissance qu'une obscure dédicace au début de l'ouvrage : « à Julie ». Qui étais-tu, Julie ? Quelle était ta contribution à ces travaux ?

HERSTORY

Or les choses commencent à changer au début des années 1970. Quatre femmes deviennent professeures d'histoire à l'Université : Michelle Perrot, Annie Kriegel, Madeleine Rebérioux et Rolande Trempé. Suivies bientôt par d'autres. Des femmes par ailleurs engagées dans les mouvements féministes de leur temps. À l'université de Jussieu (Paris 7), trois historiennes, dont Michelle Perrot, lancent alors un séminaire qui s'intitule « Les femmes ont-elles une histoire ? ». Dix ans plus tard, un colloque à Saint-Maximin rassemble plusieurs historiens, surtout des historiennes, derrière le titre : « Une histoire des femmes est-elle possible ? » Il faut croire que oui puisque au début des années 1990 paraissent les cinq tomes de l'*Histoire des femmes*, sous la direction de Georges Duby (qui n'a pas fait grand-chose, mais sans doute fallait-il un homme) et Michelle Perrot. En 1998, un autre colloque, à Rouen, s'intitule, quant à lui : « Une histoire sans les femmes est-elle possible ? » Ces trois interrogations, faussement naïves vous l'aurez compris, rendent bien compte de la progression du questionnement historique sur deux décennies : deux décennies où, un peu partout, des groupes de chercheuses commencent à travailler sur les femmes, créent les premières revues d'histoire des femmes ; où des rencontres internationales ont lieu car toutes les universités travaillent alors dans ce sens (avec notamment une avance certaine de la recherche aux États-Unis sur ces questions, où les chercheuses appellent à faire de l'« He*rstory* », à la place de l'« Hi*story* »). Il faut aussi noter que cela touche les autres disciplines de sciences humaines : la sociologie bien sûr, mais aussi l'ethnologie, l'anthropologie, la géographie qui, elles aussi, commencent à s'attaquer à l'invisibilité des femmes.

Rien de surprenant à ce que ce réveil se déroule au cœur des années 1970 qui sont, pour les femmes, un moment important de revendications. Les années 1970, c'est la naissance du MLF ; un mouvement qui naît symboliquement à l'été 1970, lors du dépôt d'une gerbe sur la tombe du Soldat inconnu – gerbe sur laquelle est marqué : « Il y a plus inconnu que le soldat inconnu : sa femme. » Et qui bientôt se donne un hymne, dont les premiers vers sont repris en titre de ce chapitre : « Nous qui sommes sans passé, les femmes, nous qui n'avons pas d'histoire. » Il était temps de la leur donner, cette histoire !

> Tout ce qui a été écrit par les hommes sur les femmes doit être suspect, car ils sont à la fois juge et partie.
>
> François Poullain de La Barre, philosophe

La période marque d'ailleurs un tournant général (conséquence des mouvements de Mai 1968), qui invite à donner la parole aux dominés et aux dominées, aux exclus, aux sans-voix, aux invisibles… Aux femmes donc, mais aussi aux pauvres, aux immigrés, aux Amérindiens aux États-Unis, aux homosexuels… À tous les silencieux de l'histoire des dominants.

Reste qu'à faire exploser « l'universel » en mettant au jour qu'il est en réalité « masculin » (et riche, et blanc, et européen), on découvre que derrière cet écran de fumée se tient une humanité sexuée : des femmes d'un côté, mais aussi des hommes… et tout un tas de relations complexes entre les deux. On s'est donc mis à étudier toutes les relations sociales, culturelles, politiques femme-homme, la place et le rôle de chacun dans la société, la cité, la famille, le couple. Cette évolution historiographique, qui ne traite pas des femmes à part, mais des relations femme-homme et des places et rôles de chacun, on l'a appelée aux États-Unis les *« gender studies »*. On passe de l'histoire des femmes à l'histoire « du genre », soit du sexe social, culturel, construit. Les sciences sociales se doivent alors d'étudier quelle place les différentes sociétés reconnaissent à chaque sexe, constatant bien évidemment que, si la nature est la même partout, en revanche la place des sexes dans les sociétés est très variable dans le temps et dans l'espace : il y a donc bien deux choses différentes, le sexe (biologique) et le genre (social). Finalement, ce qui a une histoire, c'est le genre. Cela permet d'étudier aussi, en plus d'une histoire des femmes, une histoire de la virilité, de la masculinité, ainsi qu'une histoire de l'homosexualité parmi beaucoup d'autres.

> **NOUS NE SOMMES PAS HYSTÉRIQUES, NOUS SOMMES HISTORIQUES !**
> Pancarte, Paris, été 2017

Or, en France, le terme d'« histoire du genre » a mis beaucoup de temps à s'imposer, parce qu'il y a eu une résistance idéologique : pour certains, dire qu'être une fille ou un garçon n'était pas qu'une donnée naturelle était difficile à comprendre. Mais aussi parce que, pour certains, les inquiétudes face au « genre », à l'approche en termes de genre, relèvent en réalité d'une forme d'homophobie. Ceux qui se dressent contre ce qu'ils ont baptisé la « théorie de genre » (au point que les études de genre – c'est le bon terme ! – sont interdites dans les universités brésiliennes ou hongroises, par exemple) s'illustrent aussi par des propos ou des politiques profondément homophobes et transphobes. Le premier livre d'histoire français qui, dans son titre, utilise le terme de genre a été publié en 2003, *Le Genre face aux mutations : masculin et féminin, du Moyen Âge à nos jours* ; soit presque vingt ans après les États-Unis.

L'histoire des femmes, puis du genre, s'est aussi enrichie de ce que l'on appelle l'« intersectionnalité ». Il s'agit de croiser les différentes formes de domination (classe, genre, race) pour comprendre comment elles peuvent interagir, se superposer et combiner leurs effets sur un groupe ou un individu. C'est la sociologue afro-américaine Kimberlé Williams Crenshaw (qui a étudié les discriminations combinées dont étaient victimes les femmes noires aux États-Unis et montré qu'elles n'étaient pas celles des femmes blanches, ni celles non plus des hommes noirs) qui a proposé ce concept d'intersectionnalité pour nommer cette démarche. Passée de la sociologie à l'histoire, l'approche intersectionnelle se révèle particulièrement pertinente pour éviter que l'histoire des femmes ne soit par trop l'histoire des femmes dominantes dans la société (soit les plus riches, les Blanches) et pour que l'historien ou l'historienne reste attentif aux processus de domination, aux inégalités entre les femmes. Longtemps aussi, les histoires des femmes ont négligé les situations coloniales, cependant que les histoires de la colonisation ne posaient pas la question des femmes. Dans les années 1980, le mouvement des *subaltern studies* (que l'on pourrait traduire par «études des minorés») lancé en Inde puis en Grande-Bretagne, malgré son souci de restituer le rôle et la parole des populations jusque-là marginalisées, s'est d'abord peu intéressé aux femmes. De nombreux travaux analysent désormais la colonisation au prisme du genre, et c'est passionnant (la revue *Clio* ayant ici eu, en France, un rôle essentiel). Dans le même ordre d'esprit, les premiers travaux sur les homosexuels faisaient la part belle aux gays au détriment des lesbiennes, dont l'étude marque un retard certain – progressivement comblé, en France notamment, grâce aux recherches menées par Christine Bard.

L'autre risque encouru par l'histoire des dominés en général, des femmes en particulier, est d'être réduite à une histoire victimaire, et ainsi de nier aux acteurs et aux actrices leur capacité d'agir. Les historiennes des femmes ont ainsi très vite dénoncé le risque d'une approche qui réduirait les femmes à leur statut d'opprimées.

La recherche française en histoire du genre et des femmes ne se porte pas trop mal et est aujourd'hui reconnue comme une discipline installée. Trois universités ont une chaire d'histoire des femmes ; nombreuses sont celles qui offrent des enseignements en la matière : plusieurs masters ainsi que des séminaires se sont ouverts ces dernières années ; et de nombreux livres, encyclopédies d'histoire des femmes, du féminisme, sont publiés chaque année – la bibliographie à la fin de ce livre ne vous en donne qu'un petit aperçu. On se préoccupe de plus en plus des archives du féminisme et plus généralement des archives des femmes. C'est une préoccupation féministe ancienne, soit dit en passant : connaissez-vous par exemple les sœurs Eliska Vincent et Florestine Mauriceau qui ont légué, en 1914, une bibliothèque de plus de 600 000 documents au Musée social pour fonder un Institut féministe (les documents ont malheureusement disparu), ou Marguerite Durand et sa bibliothèque fondée en 1932 (dont il sera question plus loin) ? Plusieurs entreprises de collecte des archives de femmes ont été lancées ces dernières années par les archives nationales et départementales, appelant à déposer toutes les archives des mères, grands-mères, souvent négligées et pourtant passionnantes. Même les programmes scolaires font plus de place à l'histoire des femmes ! Il s'agit encore bien trop souvent de faire de-ci de-là le portrait d'une « grande femme » en oubliant les autres, ou une double page dédiée à la question, alors qu'on aimerait une véritable réflexion sur l'intégration des femmes dans tous les chapitres du programme...

Encore faut-il rester très vigilant et vigilante : les derniers programmes du lycée en date (2018-2019) marquent un recul dénoncé par les associations d'historiennes du genre (notamment l'association Mnémosyne), et les études de genre font insuffisamment de place aux minorités. L'histoire des LGBTQIA+ mériterait plus de place dans les enseignements, comme le centre de recherches et d'archives, promis depuis dix ans par la Mairie de Paris mais non encore réalisé. Qui plus est, les attaques contre la place des études de genre à l'Université, contre l'intersectionnalité comme démarche, sont sorties du pré carré de l'extrême droite pour gagner plus largement. Ces dernières années, les articles de journaux contre la « théorie du genre » (toujours couplée à l'« indigénisme ») se multiplient, jusque dans *Le Figaro* ; des colloques sont attaqués sur les réseaux sociaux ; des listes d'enseignants, et surtout d'enseignantes, circulent dans les milieux d'extrême droite (comme Riposte laïque), au prix de réelles menaces sur les libertés académiques.

LE TEST DE BECHDEL-WALLACE

Ce test est apparu pour la première fois dans *The Rule* («La Règle»), un volume de la bande dessinée *Dykes to Watch Out For* (*Lesbiennes à suivre*), parue en 1983, de l'autrice Alison Bechdel sur une idée de son amie Liz Wallace. Ce test est un indicateur du sexisme d'un film. Il repose sur trois critères :

– il doit y avoir au moins deux femmes dans l'œuvre ;

– elles doivent parler ensemble ;

– enfin, elles doivent parler de quelque chose qui est sans rapport avec un homme.

Ça a l'air simple, mais c'est sans pitié, essayez ! Ce test en a inspiré de nombreux autres montrant les discriminations de genre, de couleur de peau, de validité, etc.

Chapitre 2

FEMME, RÉVEILLE-TOI !

CITOYENNES !

La Révolution française est un moment particulièrement important dans l'histoire des femmes, de leurs droits et de leurs luttes. Les femmes y ont été pleinement actrices ; les questions de leur place dans la famille, dans la société, de l'égalité des sexes ont été posées, débattues. Mais le parcours des femmes en révolution est celui d'une déception et d'une exclusion progressive. Faire l'histoire des femmes sous la Révolution française permet de comprendre comment la démocratie représentative est née en excluant les femmes.

Juste avant la Révolution française, Louis XVI convoque les états généraux ; ce qui implique une élection (pour désigner les représentants) et la rédaction de cahiers de doléances. Celle-ci a pour effet de mobiliser et de politiser massivement la population. Les femmes y prennent une large part : elles peuvent enfin prendre la parole et exprimer, à côté des revendications de leurs ordres, de leurs métiers, des doléances qui leur sont propres. Certes, toutes les femmes ne participent pas : ce sont surtout les veuves, quelques corporations de femmes et les couvents de sœurs. Reste que leurs voix se font entendre, ce d'autant qu'elles en profitent pour publier nombre de brochures portant leurs revendications, en plus des cahiers. Elles y dénoncent l'ignorance dans laquelle les femmes sont maintenues, réclament qu'il y ait plus de sages-femmes formées pour lutter contre la mortalité des femmes en couches, revendiquent le droit au divorce et déplorent l'absence de droits politiques (notamment le fait que les femmes ne participent pas automatiquement aux processus de désignation des représentants aux états généraux).

Dès 1789, les femmes, incluses pour partie dans l'universel révolutionnaire, bénéficient de nombreux apports, comme les hommes. Ainsi elles sont devenues citoyennes (elles revendiquent le mot féminisé !) et usent des nouvelles libertés politiques (d'opinion, d'expression, de croyance, d'association). Elles ont obtenu une capacité civile qui leur permet de contracter, d'ester en justice et ne sont donc plus les mineures juridiques qu'elles étaient sous l'Ancien Régime – et qu'elles redeviendront bientôt, vous verrez… La Révolution fonde absolument la pleine dignité de la femme, sujet de droit et individu libre.

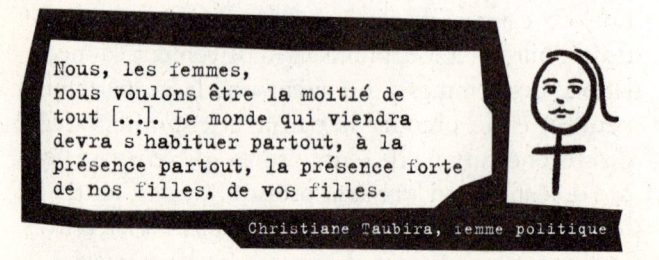

> Nous, les femmes, nous voulons être la moitié de tout [...]. Le monde qui viendra devra s'habituer partout, à la présence partout, la présence forte de nos filles, de vos filles.
>
> Christiane Taubira, femme politique

La Révolution est aussi un moment de grande politisation, qui profite aux femmes (pour celles qui s'y investissent, du moins) autant qu'aux hommes ; occasion d'exprimer publiquement leurs positions et leurs revendications (que celles-ci portent sur leur condition de femmes ou, plus généralement, sur les questions communes). Elles se regroupent, s'associent, créant des clubs, des sociétés de femmes (« non mixtes », dirait-on de nos jours), comme la Société des citoyennes républicaines et révolutionnaires de Claire Lacombe et Pauline Léon. Elles écrivent dans des journaux, rédigent des brochures, et interviennent des tribunes de l'Assemblée où, dans un premier temps, elles sont acceptées : la Révolution, par ses lois et sa dynamique, fait des femmes des actrices politiques, et ce à tous les niveaux sociaux et dans toutes les orientations politiques : les voilà révolutionnaires, contre-révolutionnaires, Montagnardes, Girondines…

Mais cela concerne seulement la minorité des femmes qui s'impliquent, militantes urbaines pour la plupart. Les autres continuent à vivre une vie assez normale (ce qui est vrai des hommes aussi). À noter que le portrait type de ces militantes diffère de celui des hommes : le révolutionnaire type est un homme de trente à quarante ans ; la révolutionnaire type est une femme soit de moins de vingt-cinq ans, soit de plus de quarante-cinq ans. Vous l'aurez compris, les mères, en charge de famille, ne peuvent s'investir ; ce ne sont pas les hommes qui s'occupent des minots. On signalera aussi que les femmes s'investissent en politique de façon assez autonome par rapport notamment à leur mari. C'est avec sa voisine, ses amies que l'on discute, que l'on lit le journal, que l'on débat, au café, au club ou au lavoir.

> LIBERTÉ, ÉGALITÉ, SORORITÉ !
> Slogan, Paris, 2019

Ce faisant, la Révolution a aussi apporté aux femmes une forme d'égalité avec les hommes. La loi de 1792 sur le mariage leur donne les mêmes droits et conditions que les hommes, en ce qui concerne l'âge au mariage, le choix du conjoint, l'importance du consentement et les motifs de divorce. Dans les familles, frères et sœurs doivent désormais se partager à égalité l'héritage (lois de 1791 et 1792). Les projets d'instruction primaire (celui de Louis-Michel Lepeletier de Saint-Fargeau, en 1793 ; celui de Condorcet repris par le Directoire) posent que celle-ci doit être la même pour les garçons et les filles. Les femmes obtiennent également des avancées qu'elles réclament : le droit au divorce (jusqu'ici interdit par l'Église) et la reconnaissance des enfants naturels (nés hors mariage).

Citoyennes donc.

Mais citoyennes inachevées.

L'UNIVERSEL

en trompe l'œil

Car il y a des limites à ce que la Révolution apporte aux femmes. Et de taille ! Le droit de vote ne leur est pas concédé. Comme pendant toute la Révolution l'urne et le fusil sont liés dans les esprits, et que l'inscription dans la garde nationale est l'autre face de la médaille citoyenne avec le vote, les femmes n'obtiennent pas ce droit, cependant que les armées sont nettement masculinisées.

D'une certaine manière, une révolution crée un espace public, qui peut être agité de journées insurrectionnelles, mais qui sinon est particulièrement vivant, avec des discussions, des prises de parole, des espaces pour cette discussion ; un investissement extraordinaire de la population, de toutes les couches de la population... Mais c'est aussi une structure qui se met en place, un État, avec des institutions. Or si les femmes participent aux journées révolutionnaires qui ont fait la Révolution, si elles sont acceptées sur la scène publique et s'y investissent pleinement (d'autant qu'elles en ont le droit), en revanche, elles sont tenues à distance des structures. Elles sont exclues des lieux de pouvoir que sont les assemblées révolutionnaires, qu'elles soient nationales ou locales. Et on ne leur donne pas non plus le moyen de choisir, par l'élection, les hommes qui y sont acceptés.

Certes, pour quelques révolutionnaires, ce refus n'est que transitoire et appelé à disparaître sitôt que l'instruction des femmes sera plus développée (l'abbé Sieyès le pensait, par exemple). Certes aussi, il y a quelques entorses, avec l'autorisation donnée aux femmes de participer et de voter aux assemblées de partage des communaux (1793) ou lors du référendum sur la Constitution de l'an I (24 juin 1793) : elles peuvent voter, mais après les hommes.

Mais, pour d'autres révolutionnaires, soit qu'ils soient persuadés de l'infériorité « naturelle » des femmes qui les rendrai impropres à voter et plus encore à être élues, soit qu'ils pensent que la place de la femme demeure dans la sphère privée pour l'équilibre de la société, le bonheur commun ou le bonheur de la famille, la femme ne saurait obtenir ces droits.

> C'est le code masculin, c'est la société élaborée par les mâles et dans leur intérêt qui a défini la condition féminine sous une forme qui est à présent pour les deux sexes une source de tourments.
>
> Simone de Beauvoir, philosophe

Une exclusion que l'implication importante de femmes dans le mouvement hébertiste, en 1793, accentue : pour briser le mouvement des Enragés qui réclamaient d'aller plus loin encore dans les mesures sociales, la Convention montagnarde s'en prend aux femmes hébertistes et, ce faisant, à toutes les femmes, en les privant en octobre 1793 d'un droit qui leur avait pourtant été reconnu : le droit d'association. Sous le Directoire, et à nouveau dans un objectif politique qui vise d'abord les Montagnardes après les journées révolutionnaires de germinal, puis prairial an III (avril et mai 1795, où elles avaient joué un rôle important), toutes les femmes perdent le droit d'assister aux assemblées et celui de se rassembler dans la rue à plus de cinq... Alors, dans les journaux, les propos misogynes vont bon train. Les femmes qui voulaient faire de la politique sont peintes sous les traits de viragos hystériques, assoiffées de sang, harpies cruelles dévorées par des furies utérines... mauvaises mères, mauvaises épouses, mauvaises femmes de mauvaises mœurs.

⁂

Des femmes ont bien sûr protesté contre ces exclusions. On pourrait imaginer qu'elles ont majoritairement protesté contre leur exclusion des urnes, telle Olympe de Gouges dans sa *Déclaration des droits de la femme et de la citoyenne* (1791). Pourtant, à regarder les pétitions, les brochures, elles ont d'abord protesté contre le refus qui leur était fait de porter des armes. Il y a bien plus de pétitions pour le droit de s'armer (et de défendre la Révolution) que pour le droit de vote. Il faut bien comprendre que la volonté d'être armée n'est pas qu'un réflexe patriotique : c'est profondément une revendication de la citoyenneté, une revendication d'égalité avec les hommes. À ce moment-là, le droit de porter des armes et de s'en servir est une forme de citoyenneté plus intensément vécue que le vote, surtout à partir du moment où la Révolution en guerre doit se défendre.

Mais plus les femmes protestent, plus les hommes maçonnent le mur de leurs privilèges patriarcaux, peaufinant leurs arguments antiféministes, et léguant ce triste héritage aux siècles suivants.

La Révolution est bien un moment crucial car c'est la première fois qu'il y a une remise en cause des rapports entre les sexes, la première fois que l'on pose publiquement la question de la place des femmes. Certes on l'a tranchée par l'exclusion, mais il ne faudrait pas oublier que la question a été à l'ordre du jour, ce qui est déjà incroyable ! Il y a donc tout à la fois une audace de la Révolution et une démission.

LES DROITS

de la femme et de la citoyenne

La *Déclaration des droits de la femme et de la citoyenne* d'Olympe de Gouges est l'un des textes les plus connus, les plus évoqués, les plus cités comme précurseur du féminisme. Pourtant, en son temps, il ne se distingua pas tant que cela, d'autant qu'Olympe de Gouges était plutôt isolée au sein des femmes révolutionnaires.

Olympe de Gouges, de son vrai nom Marie Gouze, est éduquée dans un milieu provincial populaire. Montée à Paris à la faveur d'un veuvage (qui, comme bien souvent à l'époque, libère la femme), elle s'essaie à l'écriture, au théâtre, connaît quelques succès, prend place dans une bonne société bourgeoise qui apprécie ses positions franches et libérales. Au début de la Révolution française, proche des milieux monarchistes éclairés et libéraux, elle se pose en défenseuse de tous les droits de la femme, se satisfait de la monarchie libérale et censitaire mais réclame l'abolition de l'esclavage et des droits pour les libres de couleur. Sa *Déclaration des droits de la femme et de la citoyenne* (septembre 1791), qu'elle dédicace à Marie-Antoinette, est connue dans les milieux libéraux et éclairés qu'elle fréquente mais guère au-delà.

Il semble qu'il n'y en ait eu que cinq exemplaires. Ce texte tombera ensuite dans l'oubli. Quelques extraits en sont publiés au début des années 1840 ; ce qui explique qu'il soit cité par *La Voix des femmes*, en 1848 (journal entièrement féminin). Il n'est intégralement publié qu'en 1986 (eh oui !) par Benoîte Groult et acquiert alors son statut de texte emblématique et matriciel du féminisme français.

Olympe de Gouges est depuis une icône consensuelle. Alors que la plupart des autres femmes militantes de la Révolution française étaient des sans-culottes, femmes du peuple, proches des Montagnards, voire des hébertistes (démocrates sociales donc), Olympe est une modérée, une libérale, une Girondine : une figure que l'on peut s'approprier plus facilement que les autres, plus radicales. Dans une critique générale (et croissante) de la révolution démocratique et sociale par la droite, trouver des héroïnes libérales est une belle prise…

> Il est temps que vous ne voyiez plus en nous des femmes serviles, des animaux domestiques.
> Citoyennes républicaines révolutionnaires, 1793

Dans son texte, Olympe de Gouges se dresse contre tous les discours qui rejettent les femmes du côté de la nature et placent seul l'homme du côté de la culture, l'homme qui crée et la femme qui procrée ; tous ces discours qui justifient toutes les inégalités au nom de la « fragilité » de la femme, son émotivité. On pourra noter sa petite pique humoristique lorsque, revendiquant l'égalité, elle invoque elle aussi la nature, mais en faveur de la supériorité de la femme : « Le sexe supérieur en beauté comme en courage, dans les souffrances maternelles. » La pique est habile. De fait, les naturalistes opposaient le sexe fort au beau sexe, la beauté n'étant qu'une piètre consolation de la fragilité justifiant l'exclusion. De Gouges en fait un élément de supériorité. Quant à la maternité dont les naturalistes font la cause de la fragilité de la femme, elle en fait au contraire la preuve de leur supériorité en courage puisqu'il leur faut endurer les souffrances de l'accouchement ! Mais elle n'en ramène pas moins la femme à la mère. Condorcet avait, lui, d'autres arguments : « Pourquoi des êtres exposés à des grossesses et à des indispositions passagères ne pourraient-ils exercer des droits dont on n'a jamais imaginé priver les gens qui ont la goutte tous les hivers et qui s'enrhument aisément ? » (*Sur l'admission des femmes au droit de cité*, 3 juillet 1790).

Ce qu'Olympe de Gouges réclame surtout, c'est l'égalité politique, et notamment le vote, même si elle ne le cite jamais tel quel. Mais, lorsqu'elle dit que la « Nation est la réunion des hommes et des femmes » et qu'elle est souveraine, c'est dire que les femmes doivent avoir des droits politiques et voter. Quand elle écrit que tous les citoyens et citoyennes doivent concourir personnellement ou par leurs représentants (pas de point médian à l'époque !) à la formation de la loi, elle revendique pour les femmes droit de vote et éligibilité. À noter qu'Olympe de Gouges, libérale, est favorable au suffrage censitaire. Le texte ne le montre pas nettement, mais si elle réclame le droit politique, ce n'est pas pour toutes les femmes, mais seulement (comme c'était alors le cas pour les hommes) pour celles qui en ont les moyens !

Pour autant, le texte surprend par un étrange silence : de Gouges ne réclame pas le droit de concourir à la force publique, de s'armer donc, établi dans l'article 12 de la *Déclaration des droits de l'homme et du citoyen* de 1789 – dont elle livre, elle, une réécriture pour le moins sibylline. La *Déclaration des droits de la femme et de la citoyenne* dénonce enfin l'oppression masculine, la tyrannie du mariage : « Homme, [...] qui t'a donné le souverain empire d'opprimer mon sexe ? » Elle revendique dans son article 11, totalement réécrit, les droits des filles mères et la reconnaissance des enfants naturels, et ne dit mot du divorce.

Mais le plus intéressant est son appel à l'engagement militant des femmes dans une lutte contre la tyrannie des hommes : « Femme, réveille-toi ; le tocsin de la raison se fait entendre dans tout l'univers ; reconnais tes droits. » C'est là, quand on regarde les autres textes de l'époque, une position finalement rare, et qui explique que ce texte ait pu être autant repris au XXe siècle, au point de prendre un statut quasi iconique. Elle appelle en quelque sorte à déplacer le combat révolutionnaire sur le front de la défense des femmes contre les hommes. Elle incite les femmes à se faire citoyennes, souveraines ; ce qu'elle met en pratique en rédigeant, comme le peuple souverain, la déclaration de ses droits.

Femme, réveille-toi !

Olympe de Gouges meurt guillotinée, non à cause de ses positions féministes (comme on peut le lire parfois), mais à cause de son soutien aux Girondins, après leur éviction de 1793.

Pour autant, on lui aura bien reproché ses positions féministes… Voici ce qu'écrivait une feuille révolutionnaire montagnarde au lendemain de son exécution : « Olympe de Gouges, née avec une imagination exaltée, prit son délire pour une inspiration de la nature. Elle voulut être un homme d'État. Elle adopta les projets des perfides qui voulaient diviser la France. Il semble que la loi ait puni cette conspiratrice d'avoir oublié les vertus qui conviennent à son sexe. »

CITOYENNES TRICOTEUSES

Prendre ses aiguilles à tricoter, sa laine. Se rendre dans la salle du Manège des Tuileries où se tiennent les séances de la Convention. S'installer dans les tribunes, où les femmes sont autorisées à assister aux débats de l'Assemblée, à défaut d'avoir le droit d'y siéger. Attendre. Attendre. Tricoter pour passer le temps. Attendre. La séance s'ouvre. Écouter. Réagir. Huer l'un. Acclamer l'autre. Soutenir le Maximum (prix maximum sur les denrées essentielles), réclamer le châtiment de ceux qui accaparent le pain. Passer la journée à écouter, intervenir, discuter dans les tribunes avec les autres femmes. Rédiger, en sortant, un compte rendu de la séance, envoyé à toutes les sections parisiennes (assemblées de citoyens dans les quartiers). Intervenir, participer à la vie politique, agir en citoyennes dans la limite de ses droits… Se voir affubler du nom de «tricoteuses», comme pour rabaisser à cette activité féminine ce qui est en réalité une implication réelle dans l'espace public. Un mot qui invisibilise la citoyenneté en actes de ces femmes de la Révolution française.

Après la chute de Robespierre, ne pas lâcher. Transformer les tribunes de l'Assemblée en un foyer de résistance populaire pour soutenir les derniers Montagnards, défendre la démocratie sociale. Subir le décret de prairial (mai 1795) qui prive les femmes du droit d'assister aux séances. Se faire chasser, à coups de fouet, quand on essaie quand même de venir... Se voir associées par les contre-révolutionnaires à la guillotine – pas merci M. de Chateaubriand qui écrivez dans vos *Mémoires d'outre-tombe* : « Je ne connais que la déesse de la Raison, dont les couches, hâtées par des adultères, aient eu lieu dans les danses de la mort. Il tombait de ses flancs publics des reptiles immondes qui ballaient à l'instant même avec les tricoteuses autour de l'échafaud, au son du coutelas, remontant et redescendant, refrain de la danse diabolique. »

Honneur à vous, les tricoteuses de la Révolution, si mal servies par la mémoire !

LE PORT DE LA CULOTTE

La *Requête des dames à l'Assemblée nationale* : ce texte est anonyme, sans date précise (179.) ni maison d'édition. Mais avec des revendications qui pètent ! Abolition des privilèges masculins, féminisation de la grammaire, capacité civile pleine et entière de la femme, et... ce « port de la culotte », au propre (le droit de porter un pantalon) et au figuré. Un petit bijou de radicalisme, souvent cité par les féministes – il est notamment très repris depuis quelques années où la question de l'écriture épicène a pris une place juste et importante. Et pourtant... pourtant certains historiens pensent qu'il s'agit en fait d'un faux, écrit par des hommes, dans un registre qu'ils souhaitent outrancier, comme pour dévaloriser par l'exagération les revendications des femmes. Intéressant que, justement, cette question de la grammaire, qui aujourd'hui irrite tant, se trouve déjà au cœur des débats. Alors, texte féministe ou antiféministe ? On ne sait pas. Intéressant dans les deux cas !

Projet de décret

« L'Assemblée nationale, voulant réformer le plus grand, le plus universel des abus, et réparer les tors [*sic*] d'une injustice de six mille ans, a décrété et décrète ce qui suit :

1°. Tous les privilèges du sexe masculin sont entièrement et irrévocablement abolis dans toute la France.

2°. Le sexe féminin jouira toujours de la même liberté, des mêmes avantages, des mêmes droits et des mêmes honneurs que le sexe masculin.

3°. Le genre masculin ne sera plus regardé, même dans la grammaire, comme le genre noble, attendu que tous les genres, tous les sexes et tous les êtres doivent être et sont également nobles.

4°. On n'insérera plus dans les actes, contrats, obligations, etc., cette clause si usitée, mais si insultante pour le beau sexe : "Que la femme est autorisée par son mari à l'effet des présentes", parce que l'un et l'autre doivent jouir de la même autorité.

5°. La culotte ne fera plus partage exclusif du sexe mâle, mais chaque sexe aura droit de la porter à son tour.

[…] »

LE NOUVEL ORDRE DES SEXES

Chapitre 3

CODE CIVIL

LE CODE

écrase la femme

14 juillet 1880. Des policiers en patrouille dans le 13e arrondissement de Paris rapportent au commissaire la découverte d'un graffiti, boulevard de la Gare (actuel Vincent-Auriol) : « Pour nous, les femmes, il n'est pas fête, l'égoïsme des hommes nous tenant encore dans l'esclavage. Ces ingrats oublient leur devoir. Vivent ceux qui nous aident à convertir leur droit. À bas le Code ! Notre Bastille ! » Le commissaire choisit de ne faire effacer que la cible véritable du message : « À bas le Code ! »

Il s'agit du Code civil, rédigé en 1804, sous le contrôle de Napoléon : synthèse complexe de droit romain, d'héritages révolutionnaires et de quelques coutumes de l'Ancien Régime. Si les historiens ont pu débattre pour savoir si Napoléon est l'héritier ou le fossoyeur de la Révolution française, pour ce qui est du droit des femmes, c'est indubitablement un enterrement de première classe... Certes les révolutionnaires avaient amorcé la marche arrière, dès 1793, mais il restait aux femmes la capacité civile, l'égalité dans le couple... Eh bien, avec le Code, c'est fini ! La situation des femmes françaises devient une des pires d'Europe. Car, pour Napoléon, de culture très méridionale, « la femme est la propriété de l'homme comme l'arbre fruitier est celle du jardinier ».

Le Code civil commence par établir un mariage profondément inégalitaire ; ce que résume son article 213 : « Le mari doit protection à sa femme et la femme doit obéissance à son mari. » Article dont Napoléon insistait pour qu'il soit lu lors de la cérémonie du mariage car (attention, ça pique) : « Il importe dans un siècle où les femmes oublient le sentiment de leur infériorité de leur rappeler avec franchise la soumission qu'elles doivent à l'homme qui va devenir l'arbitre de leur destinée. » La femme mariée prend alors le nom et la nationalité de son mari et ne peut ni choisir ni quitter le domicile conjugal. On considère également que « le magistrat domestique [donc le mari] doit pouvoir avec modération joindre la force à l'autorité pour se faire respecter ». Autant dire que les violences conjugales sont tolérées…

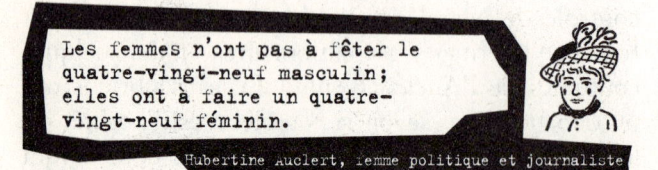

> Les femmes n'ont pas à fêter le quatre-vingt-neuf masculin ; elles ont à faire un quatre-vingt-neuf féminin.
>
> Hubertine Auclert, femme politique et journaliste

Le Code établit, qui plus est, l'incapacité civile de la femme mariée. Elle est exactement comme un mineur. Elle ne peut, sans autorisation de son mari, ni travailler, ni ouvrir un compte, ni ester en justice, ni faire des papiers, ni passer des examens. Son salaire (si elle a été autorisée à travailler par « Môssieur ») est versé au mari. Seul le contrat de mariage peut lui permettre de garder un droit de regard sur sa dot (parce que c'est de l'argent familial).

On dit que les époux se doivent fidélité mais, en vrai, ils ne sont pas égaux face à cette obligation. L'adultère de la femme est un délit, passible de trois mois à deux ans de prison – et souvent les juges étaient sévères, surtout au début du siècle. L'homme n'est coupable que s'il entretient sa concubine à domicile (mais à l'extérieur, c'est la fête du slip!). Et encore, il risque juste une amende. C'est alors moins l'adultère qu'une forme déguisée de polygamie, laquelle est considérée comme délictueuse. Cette différence de traitement tient au fait que la femme adultère fait encourir à la famille le risque d'y introduire un enfant adultérin, dont, légalement, le mari serait le père. Alors que, si l'homme a un enfant hors mariage, c'est à la mère de se débrouiller. Les filles mères, comme on les désignait, perdent tout ce qu'elles avaient gagné sous la Révolution. La recherche en paternité est désormais interdite (et le restera jusqu'en 1912). Les enfants naturels ne peuvent plus prétendre à l'héritage. Filles séduites, abandonnées ou violées, n'ont donc plus aucun recours pour obtenir le moindre dédommagement...

※

Ajoutez à cela que le crime commis par le mari sur la femme adultère est considéré par le Code pénal comme «excusable». Si si, c'est dans l'article 324, connu sous le doux nom d'«article rouge»: «Dans le cas d'adultère, […] le meurtre commis par l'époux sur son épouse, ainsi que sur le complice, à l'instant où il les surprend en flagrant délit dans la maison conjugale, est excusable. » Dans les pays latins, ce type d'« excuse légale » s'appliquait aussi à la femme ; ailleurs, ça n'existe pas.

La femme est bientôt coincée dans ce mariage qui l'opprime. Certes, le Code civil maintient le droit au divorce, mais en le limitant. Autant la loi de 1792 consacrait l'égalité des sexes face au divorce, autant l'esprit de 1804 ne va pas dans ce sens : ainsi, si l'homme peut évoquer l'adultère de sa femme comme faute pour obtenir le divorce, la femme ne peut le faire s'agissant de son mari (sauf, à nouveau, s'il a installé sa maîtresse au domicile conjugal). Avec le retour de la monarchie en France et de l'alliance du trône et de l'autel, le divorce est supprimé en 1816 (loi Bonald). Le divorce redevient une revendication récurrente des femmes – des hommes aussi, mais surtout des femmes.

> Je ne serais jamais l'épouse d'un Édouard qui me donnerait quelques pièces chaque matin et m'en demanderait compte le soir.
>
> Gisèle Halimi, avocate

On peut dès lors se demander s'il ne valait pas mieux rester célibataire. Légalement, oui, car la femme majeure non mariée est civilement capable. Jeanne Deroin, Eugénie Niboyet et, plus tard, Madeleine Pelletier écrivent des apologies du célibat. Mais, entre l'opprobre social qui pèse sur les «vieilles filles» (sympa le nom, déjà) et la faiblesse des salaires féminins, la situation n'est en réalité que peu enviable. Reste le veuvage... Si le mari est pris de court et qu'il ne flanque pas sa femme d'un «conseil de famille», c'est bon. Mais, s'il a prévu les choses, la veuve est sous le contrôle de sa belle-famille et ne gagne pas grand-chose au veuvage. Reste qu'à partir de la fin du XIXe siècle s'affirme la figure de la célibataire heureuse : citadine, issue d'un milieu aisé, héritière, rentière, voyageuse, cultivée et tournant le dos aux rôles traditionnellement dévolus à la femme bourgeoise. Et si nous regardons les différents statuts matrimoniaux des femmes qui ont joué un rôle moteur dans les luttes que rapportent ces pages, une grande majorité d'entre elles (surtout au XIXe siècle et au début du XXe) sont célibataires ou veuves. Pas de mari (ou plus de mari) pour Hubertine Auclert (du moins au début), Lucie Baud, Olympe de Gouges, Caroline Kauffmann, Louise Michel, Madeleine Pelletier, Joséphine Pencalet, Flora Tristan ; Pauline Roland vit en concubinage, ce qu'elle justifie ainsi : « Je ne consentirai jamais à épouser aucun homme dans une société où je ne pourrais pas faire reconnaître mon égalité parfaite avec celui auquel je m'unirais. » Au juge qui, lors de son procès, l'appelle « Femme Desroches », Jeanne Deroin rétorque en affirmant son nom de jeune fille qu'elle a gardé depuis son mariage. Le célibat peut être un choix, mais aussi une conséquence : au XIXe siècle, de nombreux métiers ouverts aux femmes et permettant une émancipation leur imposent le célibat : institutrices, infirmières, demoiselles des magasins ou des Postes. Un célibat qui peut aussi s'expliquer par lesbianisme, toutefois discret dans un XIXe siècle lesbophobe (et homophobe, plus généralement).

On comprend dès lors que les femmes du XIXe aient lutté contre le Code civil : « Notre Bastille ! » Tout au long du XIXe siècle, quand les femmes parviennent à faire entendre leurs revendications, elles dénoncent le Code, l'incapacité civile des femmes, leur soumission légale. Dans *La Femme libre. Apostolat des femmes*, Jeanne Deroin écrit le 15 août 1832 : « Nous ne voulons plus de cette formule, "Femme, soyez soumise à votre mari !". Nous voulons le mariage selon l'égalité. Plutôt le célibat que l'esclavage ! »

À la fin du siècle, les suffragettes mènent aussi la bataille contre le Code, et choisissent justement le 14 juillet comme date emblématique pour le dénoncer ; ce qui explique la date du graffiti évoqué plus haut. « Pour les femmes, le 14 juillet ne peut qu'évoquer le souvenir du parjure des hommes sans foi qui, après les avoir conviées à l'égalité du devoir, au danger de la bataille pour abattre le despotisme, leur ont refusé le partage du droit et ont édifié, à la place de la forteresse que les femmes ont aidé à démolir, le Code autrement redoutable que la fameuse prison d'État », écrit Hubertine Auclert dans son journal *La Citoyenne* (2 juillet-6 août 1882, n° 62).

En 1904, pour le centenaire du Code civil, la mobilisation est, plus que jamais, à l'ordre du jour. Caroline Kauffmann, lors des cérémonies de commémoration du Code à la Sorbonne, lâche dans l'amphithéâtre de gros ballons sur lesquels est écrit: « Le Code écrase la femme; il déshonore la République. » Elle est arrêtée pour « tapage injurieux ». Hubertine Auclert brûle symboliquement un Code civil et s'en justifie dans le journal *Le Radical*, dans lequel elle tient une chronique: le Code Napoléon est « en contradiction avec le régime actuel puisqu'il fait subsister une royauté – la royauté masculine – dans la famille et dans l'État » (*Le Radical*, 29 août 1904).

Le Code pèse donc longtemps sur les femmes, même s'il est progressivement détricoté à partir du XXe siècle. En 1905, les femmes mariées obtiennent d'ester en justice sans le consentement de leur mari. Elles peuvent disposer de leur salaire à partir de 1907 (mais pas gérer leurs autres biens). En 1938, l'article 213 du Code civil de 1804 est réformé et supprime l'incapacité juridique des femmes. La puissance maritale est aussi supprimée: l'épouse n'est plus tenue au devoir d'obéissance. Subsistent pour le mari le choix de la résidence, la possibilité d'interdire l'exercice d'une profession et l'exercice de l'autorité paternelle. Il faut attendre 1965 pour que les femmes puissent avoir un compte en banque,

1970 pour qu'elles ne se voient plus imposer le choix du domicile, 1975 pour que l'« article rouge » soit supprimé du Code pénal et que l'adultère soit dépénalisé.

Mais la question de la domination dans le cadre du couple n'est pas réglée pour autant. La lutte est longue pour l'équilibre des tâches domestiques, d'éducation, de la charge mentale. Comme l'écrit la journaliste féministe Titiou Lecoq : « Le combat féministe se gagne devant le panier de linge sale. »

HUBERTINE AUCLERT, « Les contrats de mariage »

« La femme, en apportant autant et souvent même plus que l'homme à la communauté, n'a non seulement pas droit sur les biens mis en commun par son mari, mais elle perd même le droit de disposer de ses biens propres. Est-ce parce qu'elle est femme ? Non, puisque la femme qui s'associe avec un homme pour exploiter une industrie quelconque a légalement autant de droits que son associé sur cette industrie. C'est parce qu'elle est mariée, c'est-à-dire tombée sous le coup de l'incapacité légale, que la femme ne peut ni jouir, ni disposer des biens de la terre. On craint qu'elle en mésure et, pour l'empêcher d'en mésuser, on la prive d'en user. […]

Le Code de la Convention était rationnel, tandis que le Code Napoléon fait du mariage une association ayant pour base l'inégalité des associés. Si, dès les premiers jours de vie commune, la femme n'a pas le caractère de se mettre, malgré la loi, sur le pied de l'égalité avec l'homme, elle sera, toute sa vie, victime de la tyrannie maritale.

Dès que l'homme a épousé, il considère si bien la fortune ou le produit du travail de la femme comme siens, qu'il les fait naturellement servir à son plaisir ou à ses goûts thésauriseurs.

Sous le régime de la communauté, la femme, même riche, est réduite à une si complète indigence qu'elle est obligée, pour recevoir quelques pièces de monnaie (sa monnaie à elle), de s'humilier jusqu'à tendre la main à son mari.

Sous ce beau régime, le mari administre seul les propriétés immobilières, même quand ces propriétés auraient été mises dans la communauté par la femme. Quant à l'argent et aux revenus qui sont dans l'association – cet argent et ces revenus appartiendraient-ils à la femme – le mari en disposera d'une façon absolue. Il a le pouvoir de les distraire de la communauté, et de les donner à qui lui plaît. – À ses maîtresses par exemple. […]

Le mariage est devenu une des plus avantageuses spéculations de notre époque: le futur roi de la communauté ne regarde pas la femme, il ne s'occupe que de la fortune qu'elle représente, car ce n'est pas une union qu'il rêve, c'est une affaire qu'il conclut. »

La Citoyenne, 1881.

DU PIÉDESTAL

domestique à l'asile de folles

Le XIXe siècle n'a pas seulement légué un arsenal légal sexiste qui pèse encore après la suppression progressive, et tardive surtout, des lois. Il a aussi légué des représentations dépréciatives. Le XIXe siècle est en effet le temps d'une offensive idéologique qui accompagne la reprise en main légale dans la réaffirmation des hiérarchies de sexe. L'infériorité de la femme n'est pas que légalisée ; elle est aussi pensée, mise en essais, romans, pièces de théâtre, chansons, images et traités de médecine… L'image valorisée de la femme au foyer, dévouée à ses enfants, reste partagée par toutes les familles politiques, dans les milieux bourgeois comme ouvriers, dans les discours syndicaux, socialistes, autant que dans ceux d'une droite conservatrice et catholique. Les féministes dénoncent cette valorisation comme un miroir aux alouettes pour masquer la réalité de la domination masculine. « La femme mariée est une esclave qu'il faut savoir mettre sur un trône », disait Balzac… Et, en regard, les « vieilles filles » des romans sont soit aigries (*La Cousine Bette*), soit hypersexualisées.

> HYSTÉRIQUE n. f. – femme avec une opinion.
> Slogan, France, XXIe siècle

Comme si cela ne suffisait pas, l'aliénisme, nouvelle science et pratique médicale, porte un nouveau coup aux femmes... Car voilà que l'on établit que, si les hommes peuvent avoir des crises de folie (conjoncturelles), les femmes seraient, elles, «par nature» sujettes à la folie. Son utérus, voyez-vous, ça la rend dingue... D'ailleurs «hystérie» vient d'«utérus», mais ça, je pense que vous le saviez. Pensant que la source biologique de l'hystérie réside dans l'utérus, de nombreux aliénistes tentent de la soigner par électrothérapie (électrode dans le vagin), ceinture de compression ovarienne, ou clitoridectomie (on vous laisse deviner). Charcot, grand spécialiste de l'hystérie à la fin du XIXe siècle, a pourtant bien vu que les mêmes symptômes se retrouvent chez des hommes. Mais ce ne sont que des femmes qu'il présente devant des amphis bondés pour parler de l'hystérie, ou dont il diffuse les photographies ou les croquis de crises hystériques, contribuant à associer les femmes à cette maladie. Qui plus est, le XIXe est le siècle de l'enfermement des femmes en asile, en vertu d'une loi de 1838. *Hop hop hop*, on dit qu'elles sont hystériques; *paf*, envoyées à l'asile où, de fait, au contact d'authentiques malades et de traitements barbares, elles finissent par péter les plombs. On se souviendra de la pauvre Adèle Hugo, enfermée par son père car ses amours risquaient de faire de l'ombre au grand homme...

On considère alors qu'il y a des conditions qui peuvent rendre les femmes hystériques... des trucs très dangereux comme… la lecture ! Les seuls livres autorisés sont les livres religieux. Mais sinon, attention, danger ! Les médecins affirment que la femme qui lit s'expose aux maladies pulmonaires, à la déviation de la colonne vertébrale et, pour finir, à la folie. Pensez à l'image négative de Madame Bovary lectrice. La lecture chez la femme est présentée comme une forme d'onanisme, ce dont témoignent les nombreux tableaux qui présentent la lectrice à moitié nue, alanguie.

Mais l'activité la plus dangereuse pour la femme reste la politique et, pire… la lutte pour les droits des femmes. Les antiféministes ont sans cesse pathologisé la cause et ses militantes. Le féminisme est jugé « contre nature » : les militantes de l'égalité des sexes qui osent s'affirmer dans l'espace public ne peuvent être que des folles motivées par des ressentiments personnels, la haine des hommes, la haine du féminin aussi, l'envie de devenir des hommes. N'oublions pas que le mot « féminisme » vient lui-même du vocabulaire médical. De la pathologie médicale à la pathologie politique, il n'y avait qu'un pas. La pauvre Madeleine Pelletier en fait les frais et finit internée, après un procès où on lui reproche ses positions pro-IVG.

Un triste mantra qui ne cesse de faire son retour. En mars 2020, le journal d'extrême droite *Valeurs actuelles* titre : « Comment les féministes sont devenues folles ? », cependant qu'un des articles du dossier s'intitule : « C'est pas dans la rue qu'il faut aller mais en thérapie. »

PROSTITUTION :

des filles qui ne sont pas à la noce

Si Napoléon s'assure du retour à l'ordre des sexes, il s'occupe aussi de l'ordre du sexe tarifé. Sous le Consulat, la prostitution est considérée comme indispensable aux hommes ; un « mal nécessaire », selon une expression ressassée depuis saint Augustin. Aussi n'est-elle pas interdite, mais tolérée et, surtout, contrôlée. L'idée est de la contenir dans un milieu clos, afin d'en protéger les jeunes filles et les femmes honnêtes, et de limiter les maladies sexuellement transmissibles, en premier lieu desquelles la terrible syphilis. Des maisons closes, dites « maisons de tolérance », sont donc autorisées à partir de 1804, auxquelles s'ajoutent des prostituées « soumises » (putes et soumises, donc) qui travaillent « à la carte », le tout sous la surveillance de l'administration, de la police des mœurs. Il existe cependant à côté de cette prostitution tolérée et contrôlée (autour de 3 000 travailleuses du sexe enregistrées, terme évidemment anachronique, dans les années 1830) des prostituées « clandestines » (« insoumises », dit-on) qui, elles, sont traquées par les forces de police et réprimées (un enquêteur social de l'époque les estime autour de la dizaine de milliers).

La IIIe République est l'âge d'or des maisons closes qui s'invitent dans les romans, la peinture. On compte alors autour de 200 maisons closes rien qu'à Paris.

Il y a même des guides touristiques des meilleures adresses… De 1871 à 1903, 155 000 femmes ont été enregistrées par la Préfecture de police de Paris comme prostituées, et autour de 700 000 femmes ont été arrêtées par la police pour « faits de prostitution » (même s'il faut faire attention à ce chiffre, attendu qu'une même femme pouvait être arrêtée plusieurs fois et que nombre d'entre elles ne pratiquaient qu'une prostitution très occasionnelle). En 1911, le préfet de police estime que, chaque jour, 40 000 clients se rendent chez une prostituée, soit le quart des Parisiens ! L'État, et notamment le fisc, profitait de ce commerce en prélevant 50 à 60 % des bénéfices.

Ce système français de prostitution fait porter aux seules femmes prostituées les risques et les conséquences. Si rien n'est fait pour empêcher les hommes d'aller voir des prostituées, elles sont au contraire victimes d'une surveillance humiliante, tatillonne, violente symboliquement et parfois physiquement, doublée d'un opprobre généralisé. En gros, alors que ce sont les hommes qui, en ayant recours à la prostitution, entretiennent le système, ce sont uniquement les femmes qui en paient le prix. Aucune loi ne vise ni les maquereaux ni les clients. Seul délit reconnu : forcer une mineure à la prostitution. Il ne faut pas perdre de vue que la prostitution est une des conséquences de la faiblesse des salaires féminins, et qu'elle s'accroît en situation de chômage, de guerre, quand l'argent manque cruellement.

Un mouvement abolitionniste (qui prône la fermeture des maisons closes, la pénalisation des clients et des maquereaux) se développe en réaction, même s'il est surtout puissant dans les pays anglo-saxons (on retiendra le nom de Josephine Butler, au Royaume-Uni). En France, Maria Deraismes ou Julie Daubié (la première bachelière), beaucoup moins moralisatrices que Butler, dénoncent la prostitution et le réglementarisme comme une forme de la domination masculine. Madeleine Pelletier va plus loin en affirmant : « La prostitution a constitué un progrès. […] Aussi est-ce un progrès lorsque l'homme est fait à l'idée de ne plus imposer à la femme l'acte sexuel, mais à le lui payer. C'est déjà un premier degré d'affranchissement de la femme qui n'est plus violable à merci, mais exige de l'argent contre le prêt de son corps » (« De la prostitution », *L'Anarchie*, novembre 1928).

> On a le droit de se révolter,
> on est des femmes comme les autres.
>
> Les prostituées de l'église Saint-Nizier, Lyon, 1975

Or, au lendemain de la Seconde Guerre mondiale (où la prostitution a connu un pic, pendant l'Occupation et à la Libération, pour les soldats américains), la France prend un virage à 180 degrés. La loi Marthe-Richard de 1946 renverse le réglementarisme et adopte un régime abolitionniste doublé d'un contrôle sanitaire strict. Les maisons de tolérance sont fermées, le proxénétisme réprimé, le racolage aussi, mais toujours sans pénalisation des clients. La loi prévoit également la création de services de prévention et de réadaptation sociale, et crée un fichier sanitaire des prostituées qui renouvelle la mise en carte. Cependant, la loi Marthe-Richard ne s'applique pas dans les colonies, ce qui explique que la France attendra 1960 pour signer la Convention de l'ONU de 1949 « pour la répression de la traite des êtres humains et de l'exploitation de la prostitution d'autrui ». En effet, les autorités coloniales considèrent nécessaire de maintenir des bordels aux alentours des troupes. On retrouve donc le traitement différencié des femmes racisées des colonies (voir chapitre « Sexe, race, luttes et colonies », p. 163). Qui plus est, en métropole, la prostitution ne disparaît évidemment pas mais devient clandestine, réprimée, avec des conséquences dramatiques à nouveau pour les prostituées...

En 1959, Marseille est le cadre de la première mobilisation de prostituées qui protestent contre les incessantes « tracasseries policières » résultant de la loi de 1946. En 1975, un nouveau mouvement de prostituées voit le jour avec l'occupation de l'église Saint-Nizier, à Lyon, et de la chapelle Saint-Bernard de Montparnasse, à Paris, derrière les figures de Ulla et Barbara. Une mobilisation qui fait suite à plusieurs assassinats de prostituées à Lyon et à la mise à l'ordre du jour, début 1975, d'une loi condamnant les récidivistes du délit de racolage passif à des peines de prison – le mot d'ordre à Saint-Nizier est : « Nos enfants ne veulent pas que leurs mères aillent en prison. » Pour la première fois, les voix de prostituées sont publiées, notamment *Le Noir est une couleur* de la Suissesse Grisélidis Réal – « écrivaine et péripatéticienne », comme elle l'indique sur ses papiers d'identité. Ce mouvement pose ouvertement la question du choix de se prostituer et revendique un statut pour les travailleuses du sexe, la sécurité sociale et la fin de la répression policière. Dignité, accès aux soins, sortie de la clandestinité, les aspirations sont diverses et surtout enfin formulées au grand jour ! Il rejette l'ancien réglementarisme hérité de Napoléon et reposant sur le contrôle policier, et en défend un nouveau, fondé sur l'organisation, la représentation et la protection des travailleuses (et travailleurs) du sexe. Il reçoit d'abord le soutien timide du MLF, qui s'éloigne ensuite par abolitionnisme.

Les débats sont très vifs de nos jours entre celles et ceux qui veulent durcir la répression (néoabolitionnisme, voire prohibitionnisme conduisant à la pénalisation du client), et celles et ceux qui disent que tout durcissement de la répression pénalise les femmes et défendent une reconnaissance des travailleuses du sexe (avec notamment la création du Syndicat du travail sexuel, Strass, en 2009). En 2016, la France vote pour la première fois une loi qui pénalise les clients. Un récent rapport constate que la situation des femmes prostituées n'en est que plus précaire, qu'elles n'en sont que plus vulnérables et en danger.

TRACT DU GROUPE FEMMES, 14ᵉ ARRONDISSEMENT DE PARIS, 1975

Avec les prostituées, contre la prostitution !

Des prostituées ont occupé des églises et ont brisé l'hypocrisie qui règne autour de ce problème. […]

Pourtant, nous femmes, nous nous sentons concernées :

– Pourquoi des prostituées ?

Parce que les femmes vivent dans une société qui ne leur offre pas les possibilités d'accéder à un travail valorisant et correctement rémunéré.

Se prostituer est parfois le seul moyen qui leur reste pour survivre, et de cet engrenage peu arrivent à sortir. Qui occupent les postes les plus dégradants et les moins rétribués ? Qui sont les premières licenciées et les premières à se retrouver sur le « trottoir » ?

– Pourquoi la prostitution ?

(qu'on prétend le plus vieux métier du monde !)

Pradel a dit, si on veut supprimer la prostitution, il faut couper le « zizi » à tous les Français…

Cela est significatif de la valeur attachée à la virilité, symbole de la toute-puissance masculine qui doit être satisfaite par tous les moyens (que ce soit dans le devoir conjugal ou dans la prostitution).

C'est de là que vient l'oppression de la femme, toujours et partout au service de l'homme.

La prostitution est partout :

La femme est considérée comme une marchandise qui s'achète et se vend :

Grâce à la publicité où le corps de la femme sert à écouler les produits de consommation.

Grâce à l'éducation qui apprend à la fille à se donner au plus offrant :

– dans le mariage pour assurer sa sécurité matérielle et affective ;

– dans le monde du travail où la femme est remarquée moins à cause de ses capacités que du galbe de ses jambes.

C'est pour cela que nous sommes solidaires de la lutte menée par les prostituées contre la répression policière.

Elles ne sont pas responsables d'un état de fait engendré par la société qui ne donne pas aux femmes les moyens d'être autonomes.

Mais nous sommes contre un statut social des prostituées qui, comme le salaire de la mère au foyer, ne servirait qu'à renforcer un état de dépendance de la femme au sein de notre civilisation capitaliste patriarcale.

Chapitre 4

ÉMEUTIÈRES, PAS MÉNAGÈRES !

LES FEMMES
des barricades

Si le féminisme semblait écrasé depuis le Consulat, puis étouffé par l'alliance du trône restauré et de l'autel sous la Restauration (1815-1830), il reprend du poil de la bête au cœur de la révolution de juillet 1830. Et, tout au long du XIXe siècle, chaque révolution se révèle une brèche dans laquelle s'engouffrent les femmes. Rien de surprenant. On ne peut pas faire une révolution sans les femmes ! Vous la tenez comment, la barricade, si elle n'est pas ravitaillée par les femmes ? Si les fusils ne sont pas chargés par les femmes ? Si les blessés ne sont pas soignés par les femmes ? Si même parfois, comme pendant la Commune, ce n'était pas des femmes qui tenaient seules la barricade, les armes à la main ? Mais si chaque révolution est une occasion saisie par les femmes pour faire avancer leur cause, chaque retour à l'ordre politique conservateur est un retour à l'ordre des sexes. D'où un siècle de flux et de reflux des mobilisations féministes. Mais quels flux !

Pourtant, lors des trois révolutions du XIXe siècle, les femmes de 1830, celles de 1848, puis les communardes (1871) sont doublement invisibilisées. Oubliées par le récit révolutionnaire qui s'écrit au masculin. Oubliées par le roman féministe qui, trop souvent, écarte les plus radicales et date sa «première» vague des suffragettes, à la fin du XIXe siècle, concédant juste une lointaine maternité à Olympe de Gouges. Comme si l'on préférait les femmes qui écrivent à celles qui se battent, celles qui ne défendent que les droits des femmes à celles qui défendent aussi les droits des travailleurs et travailleuses. Il est temps de reconnaître leur rôle, leurs luttes.

Les femmes ont donc participé à toutes les révolutions, toutes les révoltes du XIXe siècle. Le poids des mentalités les a souvent tenues à l'écart des fusils, même si leur participation aux combats armés augmente d'une révolution à l'autre. Et la séparation « genrée » des tâches est respectée sur les fronts : aux femmes les rôles de nourricière, de *mater dolorosa* aux chevets des blessés. Mais c'est un peu court. N'oublions pas que la barricade a deux directions de combat : horizontale (échanges de coups de feu entre les insurgés et les forces de l'ordre) et verticale (les troupes stoppées par la barricade essuient une pluie d'objets divers, jetés des fenêtres des immeubles). Et qui lance ces objets (marmites, pots de chambre, petit mobilier…) ? Pour avoir travaillé sur les blessures des forces de l'ordre, lors des insurrections de la monarchie de Juillet, je peux vous dire qu'il y avait plus de crânes défoncés par des casseroles tombées du cinquième étage que de blessures par balle.

> Le succès ou l'échec d'une révolution peut toujours se mesurer au degré selon lequel le statut de la femme s'en est trouvé rapidement modifié dans une direction progressive.
>
> Angela Davis, professeure et femme politique

Et puis il y eut des combattantes. L'institutrice et communarde Louise Michel, pour prendre un exemple connu, se bat à Neuilly, Clamart et Issy en mai 1871, puis sur différentes barricades parisiennes et notamment à la chaussée Clignancourt, qu'elle aurait tenue avec seulement deux camarades d'armes. «Les balles faisaient le bruit de grêle des orages d'été», écrit-elle dans ses *Mémoires*. La barricade de la place Pigalle est entièrement tenue par une cinquantaine de femmes, sous la direction de la relieuse Nathalie Lemel.

NE ME LIBÈRE PAS

je m'en charge !

Les régimes déchus, le monde à reconstruire : les femmes investissent la scène politique dans ce champ des possibles qu'est l'après-révolution. Elles se saisissent des droits d'association, d'expression, de manifestation de leurs opinions. Elles ouvrent des journaux uniquement féminins et à contenu féministe. À l'été 1832 paraît ainsi le premier journal entièrement écrit par des femmes : *La Femme libre. Apostolat des femmes.* Les femmes n'y signent que d'un prénom (refusant le nom de leur mari) et le journal lie causes féministes et causes sociales. À la manœuvre, des ouvrières en grande majorité, des socialistes, saint-simoniennes ou fouriéristes. Comme Suzanne Voilquin, Désirée Véret, Marie-Reine Guindorf (ouvrières du textile), mais aussi Jeanne Deroin, une lingère devenue institutrice. Dans le premier numéro, elles clament : « Nous élevons la voix pour appeler les femmes à venir avec nous, réclamer la place que nous devons occuper dans le temple, dans l'État, et dans la famille. Notre but est l'association. » Un an plus tard, la saint-simonienne Eugénie Niboyet fonde, à Lyon, *Le Conseiller des femmes.* Ces journaux disparaissent bientôt, faute d'argent. Mais d'autres renaissent en 1848, dans l'élan de la révolution de février ! Deroin, Niboyet, Véret (devenue Gay par mariage) se retrouvent pour fonder *La Voix des femmes. Journal socialiste et politique, organe des intérêts de toutes.*

―――※―――

Elles s'associent en clubs non mixtes, se réunissent, débattent, s'investissent pleinement. Jeanne Deroin se présente aux élections législatives de 1849. Désirée Gay siège à la Commission du Luxembourg (l'éphémère mais ô combien importante Assemblée des travailleurs, et donc des travailleuses), issue de février 1848, et dirige un atelier national de femmes (qui donnait du travail aux chômeuses). On retrouve Jeanne Deroin motrice dans la naissance de l'Union des associations fraternelles, fin 1849, une organisation autonome du monde ouvrier, contre le capital. Elle en est l'initiatrice, la rédactrice du manifeste et des statuts, et fait partie du bureau. Sous la Commune, les deux internationalistes Nathalie Lemel et Élisabeth Dmitrieff créent l'Union des femmes pour la défense de Paris et les soins aux blessés, profondément revendicative de l'égalité femme-homme, et qui travaille main dans la main avec la Commission du travail pour développer les associations ouvrières. Le Comité des femmes se donne, lui, pour but d'organiser le travail et l'éducation des femmes.

> NOUS SOMMES LES DESCENDANTES DES PÉTROLEUSES !
> Pancarte, France, 7 mars 2020

De 1830 à 1871, tous ces mouvements portent haut et fort les revendications des féministes de ce siècle : égalité civile, égalité dans le mariage, droit au divorce, droit à l'éducation, droit au travail, égalité salariale, droits politiques (et notamment le droit de vote), ainsi que les revendications socialistes d'organisation du travail et d'associations des travailleurs. C'est de fait notable que toutes ces femmes sont socialistes, quelle qu'en soit l'école (saint-simoniennes, fouriéristes, plus tard internationalistes) –, notable mais logique, car les socialistes (pas tous, cependant) remettent en cause l'inégalité entre les sexes et critiquent le mariage comme espace d'oppression des femmes. Saint-Simon (dans les années 1820) défend l'égalité femme-homme et l'applique : des femmes ont des postes à responsabilité dans l'organisation, écrivent dans les journaux saint-simoniens. Charles Fourier (dans les années 1830) va même jusqu'à envisager des communautés utopiques (phalanstères), dans lesquelles femmes et hommes partagent équitablement le travail et les tâches domestiques, tout en profitant d'une liberté sexuelle, avec multipartenariat !

Mais voici le temps des déceptions... Car si les femmes se sont fait entendre, non seulement on ne les a pas écoutées, mais bientôt on les fait taire.

> Chanter *La Marseillaise*, planter des arbres de la liberté, voter dans les scrutins, discuter dans les clubs et laisser les femmes s'ennuyer au logis, voilà leur République.
>
> *La Voix des femmes*, 1848

Pas de droit de vote ni en 1830, ni en 1848, ni en 1871. Pas de droit au divorce. Allez, la Commune reconnaît le droit à l'instruction, aux unions libres, se préoccupe des filles mères, pose les bases d'une égalité salariale et bannit la prostitution – considérée comme « une forme de l'exploitation commerciale de créatures humaines par d'autres créatures humaines ».

Pire, même au cœur des révolutions, des voix s'élèvent contre les femmes. En 1848, la charge est frontale contre celles que l'on appelle les « saucialistes », les « vésuviennes », les « divorciaires ». Honoré Daumier met son terrible coup de crayon au service de l'attaque antiféministe. Il brosse les clubs de femmes en réunions bordéliques de femmes avinées, leurs foyers sens dessus dessous, gamins hurlants et affamés, maris ridicules. Tous les stéréotypes misogynes de la femme révolutionnaire hystérique, hirsute, mauvaise mère, dangereuse, forgés sous la Révolution française, ressortent de leur boîte. On raconte tout et n'importe quoi sur les revendications féministes ; qu'elles préparent une Saint-Barthélemy des hommes… Et Proudhon. Ce fondateur de l'anarchisme n'en est pas moins d'une misogynie sans bornes ! « Entre ménagère et courtisane, il n'y a point pour la femme de milieu » – *sic* et berk…

Et quand s'amorce la reprise en main contre-révolutionnaire, c'est une clé de bras aux femmes. Car on leur reproche d'avoir transgressé et l'ordre politique et l'ordre des sexes… Trop, c'est trop ! Comme en

1793, on commence en 1848 par priver les femmes du droit d'association : au lendemain des journées insurrectionnelles de juin, ce sont leurs clubs que l'on ferme, et non ceux des hommes. Le décret du 27 juillet 1848 rappelle qu'il est rigoureusement impossible « *aux femmes et aux enfants* » (vous noterez le rapprochement) de participer à un club ou à un meeting. En 1851, on leur retire même le droit de faire des pétitions. Mais le summum est atteint après la Commune : voici que l'on invente la « pétroleuse », rendue seule responsable des incendies de Paris (ce qui permet, au demeurant, d'en dédouaner les Versaillais qui ont, pourtant les premiers, lancé des bombes incendiaires).

La répression judiciaire des femmes de la Commune est ambivalente : certes plus de femmes que d'hommes bénéficient de non-lieux, mais la centaine de femmes condamnées l'est plus durement que les hommes : 13 % des femmes jugées sont condamnées à mort, contre 0,9 % des hommes, 13 % également aux travaux forcés et 13 % à la déportation dans une enceinte fortifiée, contre 2,3 % et 11 % pour les hommes.

À TOUTES CELLES

qui tenaient la tranchée

Chaque révolution est donc suivie d'une longue atonie des féministes, réprimées comme révolutionnaires, comme socialistes et comme femmes. Mais il ne faudrait pas oublier que certaines parviennent à maintenir le flambeau des luttes. Honneur à celles qui tiennent la tranchée alors.

―⁂―

À Flora Tristan, socialiste, enquêtrice sociale, pionnière de l'association et de l'internationalisme, à qui l'on doit ces mots si justes : « La prolétaire du prolétaire : la femme. »

Aux saint-simoniennes Claire Bazard, Claire Démar (ou d'Eymard, ou Desmard, on ne sait pas avec certitude, mais retenons qu'elle se désignait elle-même comme « la femme des barricades »), Louise Crouzat, Eugénie Niboyet, Pauline Roland, Désirée Véret (épouse Gay) et Suzanne Voilquin, qui pendant la monarchie de Juillet continuent à écrire, à pétitionner pour les droits des femmes et des travailleuses.

À George (sans *s* !) Sand (Aurore Dupin), plus modérée politiquement mais immense femme de lettres, injustement méconnue pour ses positions féministes, plus célèbre pour la façon dont elle transgressa l'ordre des sexes, se choisissant un prénom à la consonance masculine, portant le pantalon et assumant ses liaisons nombreuses.

À l'internationaliste André Léo (Victoire Léodile Béra) qui crée en 1866 l'Association pour l'amélioration de l'enseignement des femmes, puis en 1869 une Société pour la revendication des droits civils – année où elle publie *La Femme et les Mœurs: Monarchie ou Liberté*, un grand texte féministe injustement méconnu.

À Maria Deraismes, première femme initiée à la franc-maçonnerie (un sacré bastion misogyne pourtant) et qui fonde, en 1869, le journal *Le Droit des femmes*, dans lequel elle disait aux femmes: «Formez-vous. Réalisez-vous, rassemblez-vous, travaillez en commun.»

> Il faudrait raisonner un peu: croit-on pouvoir faire la révolution sans les femmes? Voilà quatre-vingts ans qu'on essaie et qu'on n'en vient pas à bout. Pourquoi cela? C'est que beaucoup de républicains n'ont détrôné l'Empereur et le bon Dieu que pour se mettre à leur place; il leur faut des sujettes!
>
> André Léo, romancière et journaliste

LE DROIT

à l'instruction

La lutte pour le droit à l'instruction est une lutte majeure des femmes, et une des premières à porter ses fruits. Nombre de militantes pour l'égalité femme-homme sont, au XIXe siècle, des institutrices : Jeanne Deroin, Pauline Kergomard, Louise Michel, Pauline Roland, et, plus tard, Hélène Brion, pour ne citer que les plus connues. Les institutrices, bientôt solidement organisées en amicales puis en syndicats et groupes d'études (comme le Groupe d'études sociales des instituteurs et institutrices féministes créé en 1903 par Marie Guérin avant que ne naisse, en 1907, la Fédération féministe universitaire, FFU), ont de fait joué un rôle décisif dans la diffusion du féminisme. Elles sont nombreuses à ouvrir des écoles pour les filles ou à proposer des cours du soir pour les femmes qui n'ont pas encore accès à l'enseignement public. Toutes ont conscience que l'émancipation passe par l'instruction ; ce qui est vrai de façon générale. Toutes dénoncent l'inégalité femme-homme en matière d'instruction. Les institutrices portent aussi le combat des discriminations professionnelles, emportant les premières victoires en matière de droits des femmes au travail : congés maternité indemnisés, retraites, égalité des salaires. Autant de victoires d'abord corporatistes, mais qui ont posé les bases pour toutes les autres femmes.

Il faut voir que l'éducation des filles a été délaissée depuis le XVIIe siècle. Éduquées pour être de bonnes épouses, de bonnes mères, sachant tenir foyer ou salon, les femmes ne sont pas instruites. Au siècle des Lumières, quelques voix s'élèvent contre ce défaut d'instruction : Condorcet en premier lieu, Voltaire et Diderot également, mais Rousseau ne pense que l'éducation des hommes : future compagne d'Émile (personnage éponyme de son traité d'éducation), Sophie (qui, pour le philosophe, « est faite pour céder à l'homme et supporter son injustice ») n'a pas besoin de recevoir une éducation. Rousseau ne lui concède que la broderie d'un abécédaire…

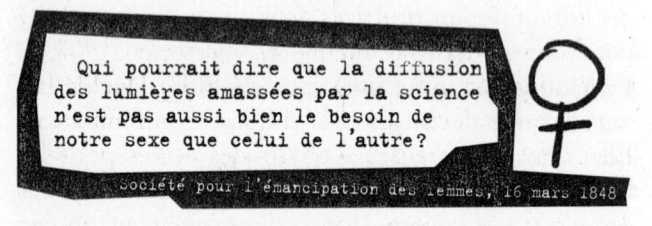

> Qui pourrait dire que la diffusion des lumières amassées par la science n'est pas aussi bien le besoin de notre sexe que celui de l'autre ?
>
> Société pour l'émancipation des femmes, 16 mars 1848

Dans les cahiers de doléances, des femmes réclament l'instruction, et force est de reconnaître que la majorité des projets d'instruction primaire de la Révolution française reposent sur l'égalité. Mais ces projets ne sont pas mis en œuvre et les filles se retrouvent devant la porte fermée des écoles et lycées, qui ouvrent au début du XIXe siècle. La loi Guizot de 1833 ne rend obligatoire que l'ouverture d'une école primaire de garçons dans les communes de plus de 500 habitants. Les jeunes filles les plus aisées sont éduquées dans les couvents, aux conceptions du rôle de la femme très traditionnelles.

Les femmes du XIXe siècle réclament donc l'instruction pour les filles, comme elles réclament l'instruction pour les classes populaires en tant qu'instrument d'émancipation.

La loi Falloux de 1850 rend obligatoire l'ouverture d'une école de filles dans toutes les communes de plus de 800 habitants – seuil abaissé à 500 habitants par la loi Duruy de 1867. Des mesures qui portent leurs fruits, puisqu'en 1875 il y a 2 300 000 filles scolarisées contre 2 400 000 garçons. Mais les filles ne reçoivent toutefois pas la même éducation dans leurs écoles que les garçons : elles s'initient aux travaux d'aiguilles quand les garçons apprennent le système des poids et des mesures.

Certaines se battent donc pour défoncer les portes fermées. Le 16 août 1861, Julie-Victoire Daubié est ainsi la première femme à obtenir le baccalauréat, alors réservé aux hommes, à l'âge de trente-sept ans. On l'avait fait composer dans une salle à part ! La deuxième bachelière française, Emma Chenu, obtient son diplôme en 1863. Elle sera ensuite la première licenciée (ès sciences et mathématiques) en 1868, suivie de Julie Daubié en 1871 (ès lettres) ! On raconte que c'est le ministre Jules Simon en personne qui a rayé sur le diplôme préimprimé le « sieur » prévu pour le licencié afin de le remplacer par « Mademoiselle ».

D'autres remuent ciel et terre pour ouvrir des écoles. Ainsi d'Élisa Lemonnier qui crée en mai 1862 la Société pour l'enseignement professionnel des femmes. Elle loue un atelier et ouvre le 1er octobre 1862, au 9, rue de la Perle, à Paris, la première école professionnelle pour jeunes filles. En dix mois, 80 élèves sont inscrites pour suivre les cours; 150 au bout d'un an. Bientôt d'autres écoles s'ouvrent. En 1890, on dénombre huit «écoles Lemonnier», où environ 500 jeunes filles sont formées.

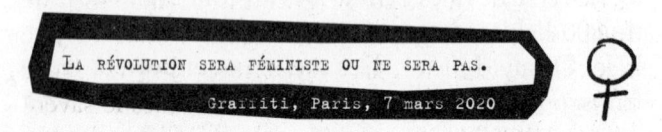

> LA RÉVOLUTION SERA FÉMINISTE OU NE SERA PAS.
> Graffiti, Paris, 7 mars 2020

Ces années constituent de fait un tournant dans la prise en considération de l'instruction des femmes. La République tout juste proclamée au 4 septembre 1870, les maires de Paris, Étienne Arago, puis Jules Ferry, réunissent une commission mixte chargée de réfléchir à l'enseignement et aux réformes à lui apporter. Julie Daubié et Emma Chenu y siègent toutes deux et défendent d'arrache-pied l'enseignement des filles. Pendant la Commune de Paris est créée la Société de l'éducation nouvelle (comptant plusieurs femmes) qui propose à la Commune une refonte générale des programmes, de nouvelles méthodes pédagogiques et… l'égalité de l'instruction! Les deux communardes socialistes et féministes André Léo et Anna Jaclard siègent à la commission de l'instruction. Des écoles de filles sont ouvertes dans quelques arrondissements parisiens, ainsi que des ateliers-écoles pour les ouvrières, ou des cours d'enseignements professionnels sur le modèle des écoles Lemonnier, mais gratuits. La

Commune décrète l'égalité des salaires des instituteurs et des institutrices (21 mai 1871).

∽⊚∽

Les fameuses lois Ferry de 1881-1882 instituent l'instruction obligatoire et l'école publique gratuite et laïque pour les deux sexes. La loi Camille-Sée de 1880 ouvre, quant à elle, l'enseignement secondaire aux filles. L'enjeu était avant tout d'éduquer de bonnes petites républicaines. «Les évêques le savent bien : qui tient la femme tient tout, tout d'abord parce qu'il tient l'enfant, ensuite parce qu'il tient le mari. Il faut que la femme appartienne à la science ou qu'elle appartienne à l'Église», disait Jules Ferry. Qui plus est, l'école comme les collèges et lycées ne sont pas mixtes et les programmes restent définis en fonction des rôles sociaux assignés aux femmes (y figurent donc les travaux ménagers et la puériculture). Au lycée, les filles sont encore privées de baccalauréat, tout comme d'enseignement de la philosophie, et le nombre d'heures de cours hebdomadaire est inférieur à celui des garçons, au motif que ça les «fatigue» – la puberté, tout ça…

Au même moment, Pauline Kergomard (la cousine d'Élisée Reclus, le géographe anarchiste) crée les écoles maternelles, soucieuse d'épanouissement des enfants des deux sexes par le jeu, l'éveil, la liberté de mouvement et la bienveillance. Elle défend une éducation mixte de la petite enfance comme condition d'une égalité des sexes (ce qui lui vaut d'être accusée d'immoralité par les catholiques). N'oublions pas, sur le temps long, que le système des maternelles à la française qui lui doit tant est aussi une des conditions de l'émancipation des femmes, leur permettant de concilier travail et maternité (ce que ne défendait cependant pas Pauline Kergomard, qui préférait la femme au foyer plutôt qu'à l'usine).

Les femmes devront se battre pour que tombent les barrières : un baccalauréat féminin est créé en 1919, mais il faut attendre 1924 pour que les programmes du secondaire et le bac soient les mêmes pour les deux sexes. Les grandes écoles, les études supérieures s'ouvrent les unes après les autres. La mixité s'impose dans les faits, au fur et à mesure du XXe siècle, plus comme réponse pragmatique à des contraintes spécifiques, telles que le manque de locaux et la pénurie d'enseignants, que comme fruit d'une réflexion pédagogique et sociétale sur les bienfaits de la mixité. Mais ce n'est qu'au début des années 1980 que l'Éducation nationale prend vraiment conscience du rôle essentiel donné à l'école pour promouvoir l'égalité entre les sexes. La mise en œuvre reste laborieuse…

Reste que l'année de l'ouverture aux femmes de l'École polytechnique, en 1972, c'est une jeune femme, Anne Chopinet, qui en sort major – major également à Centrale et deuxième à l'ENS… Et quelles questions lui ont posées les journalistes, à votre avis ? « Aimez-vous vous regarder dans la glace ? », « Vous aimez faire les courses ? », avant de s'inquiéter : « N'avez-vous pas peur que l'on vous prenne pour un monstre ? — Vous savez, j'ai simplement fait de mon mieux, et tous les ans il y a un major de l'X. » *Pan*, dans les dents !

LOUISE MICHEL,
EXTRAITS D'ÉCRITS FÉMINISTES

Égalité

Les femmes ne doivent pas séparer leur cause de celle de l'humanité, mais faire partie militante de la grande armée révolutionnaire. […] Nous voulons, non pas quelques cris isolés, demandant une justice qu'on n'accordera jamais sans la force, mais le peuple entier et tous les peuples debout pour la délivrance de tous les esclaves, qu'ils s'appellent le prolétaire ou la femme, peu importe.

Esclave est le prolétaire, esclave entre tous est la femme du prolétaire. […] Partout, l'homme souffre dans la société maudite ; mais nulle douleur n'est comparable à celle de la femme. […]

La question des femmes est, surtout à l'heure actuelle, inséparable de la question de l'humanité. Les femmes, surtout, sont le bétail humain qu'on écrase et qu'on vend. Notre place dans l'humanité ne doit pas être mendiée, mais prise. […]

Si l'égalité entre les deux sexes était reconnue, ce serait une fameuse brèche dans la bêtise humaine. En attendant, la femme est toujours, comme le disait le vieux Molière, le potage de l'homme. Le sexe *fort* descend jusqu'à flatter l'autre en le qualifiant de *beau sexe*. Il y a fichtre longtemps que nous avons fait justice de cette force-là, et nous sommes pas mal de révoltées, prenant tout simplement notre place à la lutte, sans la demander. Vous parlementeriez jusqu'à la fin du monde ! Pour ma part, camarades, je n'ai pas voulu être *le potage de l'homme*, et je m'en suis allée à travers la vie, avec la vile multitude, sans donner d'esclaves aux Césars. […]

Parmi les plus implacables lutteurs qui combattirent l'invasion et défendirent la République comme l'aurore de la liberté, les femmes sont en nombre. On a voulu faire des femmes une caste et, sous la force qui les écrase à travers les événements, la sélection s'est faite ; on ne nous a pas consultées pour cela, et nous n'avons à consulter personne. Le monde nouveau nous réunira à l'humanité libre dans laquelle chaque être aura sa place.

Instruction

Les filles, élevées dans la niaiserie, sont désarmées tout exprès pour être mieux trompées : c'est cela qu'on veut. C'est absolument comme si on vous jetait à l'eau après vous avoir défendu d'apprendre à nager, ou même lié les membres. [...]

Les Anglais font des races d'animaux pour la boucherie ; les gens civilisés préparent les jeunes filles pour être trompées, ensuite ils leur en font un crime et un presque honneur au séducteur. Quel scandale quand il se trouve de mauvaises têtes dans le troupeau ! Où en serait-on si les agneaux ne voulaient plus être égorgés ? [...]

Quelquefois les agneaux se changent en lionnes, en tigresses, en pieuvres.

Tirés de ses Mémoires.

Chapitre 5

La FEMME DOIT VOTER

TOUTES

suffragettes

Elles sont une dizaine, brandissant des pancartes sur lesquelles on peut lire: « La femme doit voter. Pour lutter contre la misère. Pour la paix. Pour lutter contre l'alcoolisme. La femme doit voter. » Ce sont les suffragettes.

En cette fin de XIXe siècle, le droit de vote des femmes devient la principale revendication de leurs luttes, quand il était jusqu'ici mêlé à d'autres. Il est vrai que, dans les années 1880, les femmes ont obtenu le droit à l'instruction et le droit au divorce. Certes, le terrible carcan du Code civil est toujours là, mais arracher le droit de se rendre aux urnes devrait permettre de le faire tomber. Les revendications plus sociales semblent aussi éclipsées (mais pas non plus absentes), ce d'autant que ces suffragettes, du moins celles qui mènent le mouvement, appartiennent à la bonne bourgeoisie, quand les femmes de 1830, 1848 ou les communardes venaient des classes populaires.

※

Quand la République s'est installée, à la fin des années 1870, les femmes ont pu rêver d'obtenir enfin le droit de voter… Amère déception. Non seulement les républicains persistent dans le refus déjà opposé par leurs ancêtres, mais pire, voici qu'ils ajoutent un motif pour écarter les femmes des urnes : elles seraient trop cléricales... Eh oui ! La République est engagée dans un combat contre l'Église, qui a choisi la réaction monarchiste. Or, parce que les femmes sont, de fait, plus pratiquantes que les hommes, voici que l'on craint que leurs votes, certainement influencés par les curés (parce que les femmes, c'est connu, sont superinfluençables), se portent sur les ennemis de la République. À la porte déjà close, la République ajoute donc un verrou...

Qui plus est, l'universalisme français diffère de la conception « utilitariste » de la démocratie des Anglo-Saxons, plus prêts à accepter que les femmes votent. Pour eux, la représentation politique des différences (de genre, de classe, d'origine) enrichit la démocratie et c'est ce vers quoi il faut tendre. En France, au contraire (héritage de la Révolution oblige), on considère que la représentation des différences fragilise la démocratie. La belle utopie, mais surtout la belle affaire qui voudrait que le citoyen ne soit qu'une portion de la volonté générale, faisant abstraction de ses particularismes...

Donc, pour le vote des femmes, c'est non !

> De ce que la gestation se fait dans l'utérus et non dans la prostate, je ne vois pas que l'on puisse conclure à l'impossibilité, pour qui est pourvu d'un utérus, de voter ou d'être élue.
>
> Madeleine Pelletier, psychiatre

La femme doit voter

Alors les femmes s'organisent. D'abord derrière Hubertine Auclert (voir p. 114). Le 14 juillet 1881, elles enterrent symboliquement le droit des femmes. En 1883, elles mobilisent tout le répertoire d'action légal – affiches, manifestations, meetings, publications, images, même des éventails –, mais aussi (suivant les Anglo-Saxonnes) des mesures radicales. Elles refusent l'impôt, le recensement («Si nous ne comptons pas, vous ne nous compterez pas!»), ou s'en prennent aux urnes, qu'elles renversent lors des élections.

Mais il y a un problème: elles espèrent arracher le droit de vote avec deux familles d'arguments incompatibles. Parce qu'on peut dire «la femme doit voter car c'est un homme comme les autres», argument universaliste (mais vraiment, cette fois), argument d'égalité donc; mais on peut aussi dire que «la femme doit voter car c'est une femme», argument différentialiste qui postule la complémentarité des votes féminins et masculins. Regardez les slogans des suffragettes de ce début de chapitre; ils sont différentialistes: le vote féminin va changer le monde. Ces arguments peuvent fonctionner dans une démocratie à l'anglaise, qui reconnaît justement l'addition des votes différents. Mais, dans la République universaliste française, cela revient à tendre les verges pour se faire battre... Vous votez en fonction de votre sexe? Mais il ne faut pas, malheureuses! Plus les suffragettes autour d'Hubertine Auclert défendent le vote «différent» des femmes, plus les républicains ont des billes pour refuser: ce vote «différent» pourrait bien être celui de l'Église! Dialogue de sourds donc qui perdure jusqu'à la Première Guerre mondiale et se prolonge même au-delà.

> Créons des droits à notre usage
> À notre usage, ayons des lois
>
> *La Marseillaise des cotillons*, 1848

Au sortir de la Grande Guerre, de nombreux pays reconnaissent le droit de vote des femmes : l'Allemagne, les États-Unis, l'Italie, le Royaume-Uni ; bientôt l'Espagne, la Turquie, la Tunisie… Mais pas la France. Certes, la Chambre des députés vote à une très forte majorité la loi qui leur donnerait le suffrage, mais le Sénat (creuset d'un républicanisme anticlérical mâtiné de machisme bien crasse) bloque le texte. Et ce, à six reprises dans l'entre-deux-guerres ! Et quand le pape se prononce en 1919 en faveur du droit de vote des femmes, c'est pour beaucoup la preuve que celles-ci suivront aveuglément l'Église. Ils vont jusqu'à arguer qu'à cause de la guerre les femmes sont numériquement majoritaires. Il est donc hors de question de leur permettre de voter.

Les suffragettes (même si on ne les appelle alors plus comme ça) reprennent le chemin de la manifestation et de la mobilisation, derrière de nouvelles figures comme Louise Weiss et Maria Vérone. Elles reçoivent l'appui du Parti communiste français qui, dès sa création en 1920, prône l'égalité entre les sexes, encourage les femmes à se syndiquer et défend leur droit de vote. Le PCF présente donc des femmes comme candidates. Aux municipales de 1925, une dizaine de femmes sont élues ! Mais le Conseil constitutionnel, plutôt que d'accepter ces résultats, préfère les invalider...

Il faut attendre presque vingt ans et une deuxième guerre mondiale pour qu'enfin le Gouvernement provisoire accorde par décret le droit de vote aux femmes, le 21 avril 1944 – du moins pour les femmes en métropole, car les musulmanes françaises d'Algérie n'ont pu voter qu'en 1958. On a beaucoup dit que c'était un suffrage «récompense» après l'engagement des femmes dans la Résistance, mais c'est plus complexe. Déjà, cela escamote le fait que c'est d'abord le résultat de décennies de lutte des femmes françaises. Ensuite, le rôle des femmes dans la Résistance a été occulté par la mémoire officielle; difficile de prétendre qu'il ait été récompensé! Ça s'est passé à Alger, où s'étaient réfugiés le Gouvernement et l'Assemblée provisoires, composée de représentants de la Résistance et des partis politiques. Et ça n'a pas été facile. Il n'y avait qu'une seule femme dans l'Assemblée (quand on vous dit qu'on minore le rôle des femmes dans la Résistance) et son président était un radical corse doublement hostile au vote des femmes, du fait de son anticléricalisme et de sa culture méridionale. Pour défendre le vote des femmes, il fallut une étonnante alliance des démocrates-chrétiens et des communistes: les démocrates-chrétiens, car ils avaient toujours défendu ce vote, convaincus que cela servirait leurs intérêts dans une République hostile à l'Église ; les communistes, ralliés eux aussi on l'a vu à l'égalité entre les sexes. Ce qui est d'ailleurs assez paradoxal : une des raisons qui ont poussé les députés à accepter le vote des femmes est bien la conviction que celui-ci serait conservateur et limiterait les succès électoraux du communisme… Comme en Allemagne, en 1918, ou en Espagne, en 1924.

Reste qu'elles votent, enfin, pour la première fois, le 29 avril 1945, aux municipales. Les photographes se pressent dans les bureaux pour immortaliser l'instant. Et le sexisme ne disparaît pas ! Dans les journaux, les électrices sont croquées en bigotes, en ménagères bornées ou en frivoles idiotes. L'isoloir est comparé soit à un confessionnal, soit à une cabine d'essayage. Le journal du Mouvement de libération nationale (mouvement de résistance) conseille aux femmes : « Si, à la sortie du bureau de vote, vous arrangez votre bouche ou maniez votre poudrier, votre mari sera rassuré. » Ah, cette vieille peur de la virilisation des femmes politiques ! Reste que, lors du premier vote, le taux de participation des femmes est remarquable. Il n'y a pas de raz-de-marée réactionnaire comme on l'a craint ou espéré selon les camps, même si l'on peut constater un *gender gap* (écart de genre) dans le vote : les femmes ont plus voté démocrate-chrétien et gaulliste que les hommes, qui ont plus voté communiste.

LA FEMME DOIT VOTER

La femme doit voter
pour éviter la guerre.
… protéger l'enfance.
… améliorer l'hygiène.
… supprimer les taudis.
… combattre l'alcoolisme.
… endiguer l'immoralité.
… réformer le Code civil.
… réaliser la vie moins chère.
… lutter contre les maladies évitables.

Affiche de la Société pour l'amélioration du sort de la femme et la revendication de ses droits, « À temps nouveaux, suffrage nouveau : la femme doit voter », 1925-1928.

NON

à l'Assemblée « natio-mâle »

Pouvoir voter, c'est bien; se faire élire, c'est une autre paire de manches.

Des femmes avaient déjà essayé de franchir la porte de l'Assemblée avant d'avoir le droit de vote, profitant au demeurant d'un « oubli » de la loi : il était tellement évident pour les législateurs que les femmes ne sauraient être éligibles qu'ils avaient oublié de le spécifier noir sur blanc. Ballot, non ?

En 1848, Pauline Roland, une socialiste fouriériste, institutrice qui vit en union libre avec le père de ses enfants, se présente aux municipales. Un an plus tard, Jeanne Deroin, elle aussi fouriériste et institutrice, est candidate aux législatives. Sur son affiche électorale, on peut lire : « Une Assemblée législative entièrement composée d'hommes est aussi incompétente à faire des lois qui régissent une société composée d'hommes et de femmes que le serait une assemblée entièrement composée de privilégiés pour discuter les intérêts des travailleurs, ou une assemblée de capitalistes pour soutenir l'honneur du pays. » D'autres encore tentent l'aventure sous la IIIe République : Léonie Rouzade, en 1881, dans le 12e arrondissement parisien ; Mme Gressin, à Vornay (Cher), en 1884 – son prénom reste inconnu ; ou Jeanne Laloé aux municipales, dans le 11e arrondissement parisien, en 1908 ; Hubertine Auclert, Marguerite Durand, Madeleine Pelletier (voir p. 116), Renée Mortier, Caroline Kauffmann et Gabrielle Chapuis lors des législatives de 1910. En 1925, le PCF impose des candidatures féminines aux municipales, à des positions éligibles. Et ça marche ! Elles sont sept à être élues : Joséphine Pencalet (Douarnenez), Marthe Tesson (Bobigny), Marie Chaix (Saint-Denis), Marguerite Chapon (Villejuif), Augustine Variot (Malakoff), Émilie Joly et Adèle Métivier (Saint-Pierre-des-Corps). Les conseils de préfecture cherchent à annuler leurs élections, mais les procédures traînent ; ce qui fait que les nouvelles élues s'installent et commencent à bosser ! Bon, on leur a souvent refilé les commissions d'hygiène et des affaires scolaires – attributions bien féminines. Mais les élections finissent par être invalidées, les unes après les autres...

En 1944, l'éligibilité est reconnue avec le vote. Les élections des années 1945-1946 sont particulièrement « fastes » (si l'on peut dire) pour les femmes – effet de leur place dans la Résistance : les partis issus de la Résistance se font un devoir de présenter celles qui ont joué un rôle dans la lutte contre le nazisme (le PCF présente ainsi 20 % de femmes sur ses listes aux législatives de 1946) ; 10 000 femmes sont élues aux premières municipales, 33 femmes (soit 5,6 %) à l'Assemblée, et 21 (soit 3,6 %) au Sénat.

Pourtant le nombre de candidates et d'élues décline ensuite : avec le retour des partis traditionnels au détriment des partis issus de la Résistance, les mauvaises habitudes revenues limitent le nombre de femmes candidates à partir des années 1950, et donc le nombre d'élues. En 1958, il n'y a plus que 2,3 % de femmes au palais Bourbon. En 1995, il n'y a toujours que 5 % de femmes au Sénat, moins de 10 % à l'Assemblée nationale, et 20 % dans les conseils municipaux. C'est sûr, ça ne fait toujours pas beaucoup...

La rareté des femmes dans la prise de décisions politiques commence à être au centre des débats, au début des années 1990, et ce en Europe avant de l'être en France – décidément bien mauvaise élève en matière d'égalité femme-homme. Le 2 avril 1993, à l'ouverture de la session parlementaire, quelques centaines de femmes manifestent dans la tradition du mouvement suffragiste pour dénoncer l'Assemblée «natio-mâle». Peu après, le 19 novembre 1993, paraît dans *Le Monde* un manifeste qui réclame une loi organique. Le mot d'ordre est lancé: la parité! Il faudra plusieurs années d'âpres discussions pour qu'enfin, en juillet 1999, une première loi impose le principe de parité des candidatures. En application, les lois se suivent et se renforcent. La parité s'impose facilement pour les élections au scrutin de liste (et à la proportionnelle), car tout manquement est assorti d'un refus d'enregistrement des listes (sanction pour le moins directe!). Bien sûr, au début, les partis tentent la parade en mettant les femmes... en bout de liste ! Il faut donc imposer la règle de l'alternance, ce que joliment on appelle une «liste chabadabada» (un homme, une femme, comme le film). Pour les scrutins uninominaux (législatives), la loi n'impose que la parité des candidatures, et c'est moins efficace... Tout l'enjeu est d'éviter que l'on réserve aux hommes les circonscriptions gagnables et les sièges perdus d'avance aux femmes. Toutefois, indubitablement, ça progresse : elles sont 38,8 % dans l'Assemblée élue en juin 2017, quand elles n'étaient qu'un quart dans l'Assemblée sortante.

LES 24 AVRIL ET 8 MAI 1910

à l'assaut des urnes !

N'empêche, elle avait de la gueule, cette élection législative, avec ses 19 candidates !

Je les imagine marchant de front, à la *Peaky Blinders*, Hubertine Auclert en tête, Marguerite Durand avec son lion (oui, son lion) et Madeleine Pelletier en costume masculin, revolver en poche. Bande originale : « Quand on arrive en ville, les hommes changent de trottoir. »

~~~

À l'initiative : Hubertine Auclert, la suffragette historique, si l'on peut dire, première à faire du droit de vote la revendication principale. « Le droit politique est le clou de notre émancipation : voilà pourquoi il rencontre une si grande hostilité parmi les hommes ; car, il faut bien le dire, la plupart des hommes, même les meilleurs, caressent l'idée généreuse de voir notre esclavage se prolonger encore un siècle », écrit-elle en 1881. Cette riche héritière se consacre à la lutte, dès la fin des années 1870. Elle crée une association, Le Suffrage des femmes, un journal, *La Citoyenne*, écrit beaucoup, manifeste tout autant. La voici qui refuse en 1881 de payer l'impôt. En 1904, elle tente de brûler un Code civil devant la Chambre des députés pour réclamer sa modification. En 1908, elle fait scandale en renversant une urne électorale dans un bureau de vote parisien.

En 1910, elle envoie au Parlement une pétition en faveur du suffrage des femmes, soutenue par plus de 6 000 signatures. Et lors d'un meeting, en mars de la même année, la voici qui lance l'idée de présenter des candidates dans chacune des circonscriptions parisiennes !

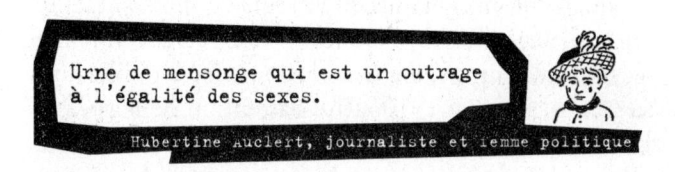

> Urne de mensonge qui est un outrage à l'égalité des sexes.
>
> Hubertine Auclert, journaliste et femme politique

Marguerite Durand répond présente. Cette ancienne comédienne s'est reconvertie dans le journalisme. Elle a fondé en 1897 *La Fronde* : un journal entièrement rédigé, composé, fabriqué, administré, distribué par des femmes (mais non le premier, comme on le dit souvent à tort, le premier étant *La Femme libre. Apostolat des femmes* des saint-simoniennes de 1832, suivi de *La Voix des femmes*, en 1848 – nouvel effet de l'oubli des féministes d'avant la «première vague»). Il serait trop long de citer toutes les collaboratrices de ce journal, toutes remarquables dans leurs spécialités, mais citons seulement Séverine (Caroline Rémy, la grande journaliste et polémiste), Hélène Sée (première femme journaliste politique), Jeanne Chauvin (première femme avocate autorisée à plaider), Alexandra David-Néel (journaliste libertaire et grande exploratrice), Pauline Kergomard (fondatrice des écoles maternelles), Renée de Vériane (sculptrice et spécialiste des sports féminins), Dorothea Klumpke (astronome). Et tant d'autres…

Le journal porte la cause du suffrage féminin, mais aussi celle de l'égalité des salaires femme-homme et les droits des travailleuses. Durand est d'ailleurs aussi connue pour avoir encouragé la syndicalisation des femmes. En 1907, elle fonde l'Office du travail féminin et organise un congrès du travail féminin ouvert uniquement aux syndicats féminins ou mixtes. Haute en couleur (elle élève donc un lion qu'elle nomme «Tigre»), bien insérée dans les milieux républicains, sa candidature en 1910 attire l'attention de la presse. Elle a aussi œuvré à collecter et conserver nombre de documents relatifs aux luttes des femmes, pour créer en 1932 la Bibliothèque féministe de Paris (au 79, rue Nationale, dans le 13e), qu'elle dirige jusqu'à sa mort en 1936 et qui reste un centre de documentation et de recherche incontournable.

——⁂——

Et puis il y a Madeleine Pelletier, la plus radicale des trois. À la différence des deux autres, elle vient d'une famille populaire – un père cocher de fiacre, une mère marchande de légumes. Elle s'en tire par les études: le baccalauréat, et bientôt l'internat de médecine! Pourtant, quand elle veut le passer, le concours de l'internat est fermé aux femmes. Mais elle reçoit le soutien de quelques médecins et de… Marguerite Durand, qui consacre plusieurs articles de *La Fronde* à cette injustice. En 1903, elle est autorisée à présenter le concours, qu'elle passe haut la main! En 1906, elle est la première femme psychiatre. Ces mêmes années, elle multiplie les combats, réclamant, comme avant elle Pauline Léon ou Louise Michel, l'urne et le fusil ! Service militaire pour toutes et tous ! Non par militarisme (loin de là, elle est au contraire profondément antimilitariste), mais pour revendiquer l'autodéfense féministe – qu'elle applique en s'équipant d'un revolver. Elle défend aussi le droit à l'avortement, à une sexualité libre, et l'éducation sexuelle pour les jeunes filles, tout en choisissant pour elle une virginité militante. Quand les suffragettes continuent à se comprimer dans les corsets de l'époque, elle adopte un costume masculin, sans demander l'autorisation de travestissement pourtant de rigueur. « Mon costume dit à l'homme : je suis ton égale », écrit-elle avant de préciser : « Je montrerai [mes seins] dès que les hommes commenceront à s'habiller avec une sorte de pantalon qui montre leur… » Proche des milieux anarchistes, elle ne répugne pas à l'action directe. Elle écrit dans son journal : « Il est certain que casser un carreau n'est pas un argument ; mais si l'opinion, sourde aux arguments, n'est sensible qu'aux carreaux cassés, que faire ? Les casser, évidemment. »

Les voilà, nos candidates de 1910. Ah, on leur en a mis, des bâtons dans les roues ! Le préfet de Paris refuse de délivrer à Hubertine Auclert son récépissé de candidature (elle attaquera devant le Conseil d'État). Ailleurs, les présidents de bureau se refusent à comptabiliser les bulletins aux noms des femmes.

Mais, dans la circonscription où se présente Marguerite Durand, le décompte est fait : 400 voix !

FLORILÈGE DES RAISONS BIEN
POURRIES OPPOSÉES AUX FEMMES QUI
VOULAIENT VOTER OU ÊTRE ÉLUES

« Les femmes sont par leur organisation disposées à une exaltation qui serait funeste dans les affaires publiques. Livrées à la chaleur des débats, elles inculqueraient à leurs enfants non l'amour de la patrie mais les haines. » Jean-Pierre-André Amar, député montagnard, 1793

« Si on donne le droit de vote aux femmes, après, les bœufs voudront voter ! » *Le Figaro*, 1880

« On a donc parfaitement raison d'exclure de la vie politique les femmes et les personnes qui, par leur peu de maturité d'esprit, ne peuvent prendre une part intelligente à la conduite des affaires publiques. » Louis-Émile Morlot, futur député radical-socialiste, *De la capacité électorale*, 1884

« Les mains des femmes ne sont pas faites pour mettre un bulletin dans l'urne mais pour être baisées. » Alexandre Bérard, sénateur radical-socialiste, 1919

La femme doit voter

« Quand vous aurez accordé à la femme des droits politiques, aurez-vous satisfait à toutes ses aspirations, et au lieu d'introduire dans les luttes électorales le calme et la courtoisie – quelle illusion ! – vous aurez introduit dans la famille les querelles, les dissensions et le désordre, vous aurez détruit l'unité familiale. Tant pis pour les enfants [applaudissements]. Adieu, la douceur du foyer ! » Edmond Lefebvre du Preÿ (Union des droites), vice-président de la Chambre, lors du débat de 1919

« Donner le droit de vote aux femmes, c'est l'aventure, le saut dans l'inconnu, et nous avons le devoir de ne pas nous précipiter dans cette aventure. » Armand Calmel, député radical indépendant, 1932

« Il est établi qu'en temps normal les femmes sont déjà plus nombreuses que les hommes. Que sera-ce à un moment où les prisonniers et les déportés ne seront pas encore rentrés ? Quels que soient les mérites des femmes, est-il bien indiqué de remplacer le suffrage masculin par le suffrage féminin ? » Paul Giacobbi, député radical-socialiste, Assemblée consultative d'Alger, mars 1944

« Il n'y a qu'à proposer une chose simple : toutes les femmes qui veulent avoir l'investiture doivent être baisables ! » Charles Pasqua, ancien ministre RPR, 1988

« Si vous en connaissez une qui sait chasser le sanglier, vous pouvez toujours me l'envoyer. »
Un dirigeant socialiste apprenant qu'il doit réserver la circonscription à une femme, 1998

« L'exclusion historique subie par les femmes pendant tant d'années ne saurait justifier l'éviction des responsabilités de quelques générations d'hommes. Pourquoi devrait-on payer pour des erreurs historiques dont nous ne sommes pas responsables ? » Laurent Baumel, Emmanuel Maurel, Jean-Baptiste Roger et Laurent Bouvet, candidats socialistes, contre la parité des candidatures, 2001

« Mais qui va garder les enfants ? » Laurent Fabius, ancien Premier ministre socialiste, apprenant la candidature de Ségolène Royal à la présidence de la République, 2006

Chapitre 6

À CELLE QUI EST PLUS INCONNUE QUE LE SOLDAT INCONNU

LES FEMMES, ÇA PART PAS,

ça meurt à petit feu

Sur les monuments aux morts de la Grande Guerre, des listes interminables de noms… de noms d'hommes. Dans les défilés de la victoire, des files interminables de soldats qui marchent au pas. S'il est une histoire qui s'écrit particulièrement au masculin, c'est bien celle de la guerre. Pourtant… Pourtant les femmes en ont été actrices, victimes et s'y sont pleinement mobilisées.

***

Certes le front est l'espace masculin par excellence. Mais n'oublions pas que c'est parce qu'on en a exclu les femmes, qui pourtant demandaient, pour certaines, à combattre. Et puis il y a des femmes dans la zone de combat, pas directement dans les tranchées de 1914-1918, mais pas à l'abri des bombes pour autant : les infirmières et les prostituées. Lesquelles le paient de leur vie (10 % des infirmières de la zone de combat trouvent la mort). Car il faut soigner vite, opérer, amputer, et, pour cela, il faut bien des infirmières. En revanche, on refuse les femmes médecins… Seule Marie Curie obtient le droit d'aller dans la zone du front, avec les voitures radiographiques qu'elle a inventées, équipées, avec ses escouades de manipulatrices qui sauvent de nombreux soldats de l'amputation. Et il faut aussi « occuper » les soldats. Or l'état-major a strictement interdit la zone de front aux épouses ou petites amies. En revanche, il fait installer des bordels militaires. Une des rares femmes « connues » de la guerre est d'ailleurs la fameuse Madelon de la chanson, servante légère et consolatrice, chantée dans les théâtres aux armées et qui vaut la Légion d'honneur à son auteur ; mais non à ces femmes qui doivent assurer le repos du guerrier...

Pendant la Seconde Guerre mondiale, les femmes sont un peu moins absentes des armées, même si, exception faite de l'Armée rouge, elles ne sont jamais incorporées en tant que combattantes. Dans les Forces françaises libres, il n'y a que 430 femmes sur 58 573 FFL (soit 0,74 % !), dont Joséphine Baker, sous-lieutenante dans les Forces de l'air de la France libre. Elle recevra la Légion d'honneur à titre militaire et reste une exception. Ces femmes sont affectées à des fonctions d'ambulancières, d'infirmières, et non de combattantes. Pour l'anecdote, au début, on les a appelées le « Corps féminin des volontaires français », puis il y a eu tellement de blagues vaseuses sur « corps féminin » que c'est devenu le « Corps des volontaires françaises » ! Port des bas de soie et vernis à ongles interdits pendant les heures de service ! Et débats sans fin pour leur fournir un uniforme que l'on veut le moins sexy possible. Aucune ne touche à un fusil. Le Royaume-Uni est plus coulant pour enrôler des femmes mais, à nouveau, sans les envoyer aux combats.

La Résistance est un peu moins coincée que l'état-major. On y retrouve certes une répartition sexuée des rôles qui réserve aux femmes les tâches de renseignements, de logistique (cacher, transmettre, nourrir). On prend vite conscience qu'une jeune femme pimpante à vélo passe plus facilement un barrage qu'un gars, qu'une mère de famille peut planquer discrètement des tracts clandestins dans son landau… Mais il y a aussi de vraies combattantes, et des femmes qui dirigent des réseaux ; comme Berty Albrecht qui fonde, avec Henri Frenay, le réseau Combat, et qui meurt torturée par les Allemands, ou Marie-Madeleine Fourcade, à la tête du réseau Alliance, dit « Arche de Noé ». On pense aussi à la communiste Danielle Casanova, qui meurt à Auschwitz, et à Lucie Aubrac.

> Who run the world? Girls!
> Beyoncé, chanteuse et compositrice

Reste que l'essentiel des femmes est à l'écart des combats. Mais non à l'écart de la guerre. Elles sont en première ligne pour les difficultés de « l'arrière ». La recherche de nourriture et de combustible devient une occupation consommatrice de temps et d'énergie, et l'affaire des femmes essentiellement. Être dès l'aube aux portes des marchands de charbon, passer de longues heures dans les files d'attente, faire jouer toutes les ressources et relations du quartier, mais aussi chaparder (de nombreux vols sont commis par des femmes, ce qui fait que les guerres sont les moments d'augmentation de la population carcérale féminine). La situation est difficile aussi car les prix sont élevés. Or, pour les femmes, les revenus ont baissé, du fait du départ des maris, avec la perte d'un salaire que ne compense pas la pension versée à la femme du mobilisé ou du prisonnier (pour la Seconde Guerre mondiale). Notons que, comme il faut bien que les femmes aient accès au compte en banque familial et prennent des décisions, la capacité civile que leur refusait le Code civil de 1804 leur est rendue – ne criez pas victoire trop vite.

Au cours des deux conflits mondiaux, les femmes sont victimes de viols qui sont le fait de tous les belligérants. Les travaux sur les viols de guerre ont nettement établi qu'ils se retrouvent dans la majorité des conflits : il s'opère une levée des interdits du temps de paix, ainsi qu'un sentiment d'impunité lié au port d'arme et à l'exacerbation de la virilité au sein de petits groupes d'hommes soudés par cette expérience commune (souvent d'ailleurs, ce sont des viols collectifs). À cela s'ajoute une volonté de conquête et d'humiliation de l'adversaire à travers le corps de ses femmes. Ce n'est que depuis la fin des années 1990 que les viols de guerre sont qualifiés de crimes contre l'humanité.

Les femmes ont été intensément mobilisées lors des conflits ; mobilisation généralement volontaire, quoique largement imposée par la misère dont elles souffraient, et par les vibrants appels qui leur étaient adressés. « Debout femme française ! Remplacez sur le champ du travail ceux qui sont sur le champ de bataille ! » lance le président du Conseil, René Viviani, au lendemain de l'entrée en guerre, en août 1914. Femmes à l'usine, femmes à la charrue !

Et les conditions de travail sont particulièrement difficiles, que ce soit pour les infirmières, les prostituées des bordels militaires (jusqu'à 100 passes par jour) et les ouvrières. Voyons par exemple ce que dit la journaliste féministe Marcelle Capy dans le magazine *La Voix des femmes* des conditions de travail des métallurgistes dans les usines d'armement : « L'ouvrière saisit l'obus, le porte sur l'appareil dont elle soulève la partie supérieure. L'engin en place, elle abaisse cette partie, vérifie les dimensions, relève la cloche, prend l'obus et le dépose à gauche. Chaque obus pèse 7 kilos. En temps de production normale, 2 500 passent entre ses mains. Comme elle doit soulever deux fois chaque engin, elle soupèse en un jour 35 000 kilos. » Les ouvrières travaillent debout, dix à quatorze heures d'affilée, de jour comme de nuit, tous les jours de la semaine, les réglementations du travail ayant été suspendues pour l'effort de guerre. Elles travaillent dans les fumées toxiques, au contact de produits corrosifs, sur des machines coupantes, sans aucune protection. Et ce pour un salaire divisé par deux par rapport à celui que touchaient les hommes aux mêmes postes.

Les termes employés tendent à minimiser cette mobilisation des femmes. Les ouvrières qui fabriquent des obus sont des «munitionnettes»; celles qui cousent les uniformes, des «midinettes». Les femmes parlent de «l'autre front», du «front du travail», des «combattantes de l'arrière» – les hommes pratiquement jamais !

Reste que cette ouverture à des métiers nouveaux, jusque-là réservés aux hommes, peut apparaître comme une forme d'émancipation, car elle bouleverse la répartition traditionnelle des rôles, parce que ces métiers sont souvent plus qualifiés, et, ce faisant, mieux payés que les métiers habituellement réservés aux femmes.

Alors, une fois de plus, une fois encore, les femmes ont lutté !

LE CHEMIN

des dames en lutte !

La première grève de femmes, en mai 1917, est celle des «midinettes», dans l'usine de confection Jenny, à Paris. Les mots d'ordre sont «paiement intégral du samedi» et «indemnité de vie chère d'un franc par jour». Au début, le mouvement n'inquiète pas trop : les grévistes sont déclarées «charmantes» et leur combat «sympathique». Mais on commence à s'inquiéter quand les ouvrières du caoutchouc, les employées de banque, les vendeuses de l'épicerie Félix Potin, les dactylographes et bien d'autres encore leur emboîtent le pas. Surtout, le tournant a lieu le 29 mai lorsque le mouvement déborde dans les usines de guerre. Les débrayages commencent à Billancourt, chez Renault qui produit camions et chars d'assaut, puis chez Citroën qui fait des obus. Le pouvoir, redoutant que la situation compromette la poursuite de la guerre, réunit patrons et déléguées des grévistes.

> On s'en fout
> On aura la semaine anglaise
> On s'en fout
> On aura nos vingt sous !
>
> Chanson des midinettes, 1917

Les patrons concèdent une augmentation salariale (mais les femmes restent 20 % moins payées que les hommes), et le gouvernement fait voter une loi qui impose la « semaine anglaise » (le samedi et le dimanche chômés et payés). Albert Thomas (sous-secrétaire d'État à l'Artillerie et aux Munitions) est ainsi à l'origine de la création, en avril 1916, d'un Comité du travail féminin dont les travaux inspirent une longue série de circulaires réglant le travail des femmes en général – celui des mères (enceintes ou jeunes accouchées) en particulier. La loi d'août 1917 sur les chambres d'allaitement couronne ces efforts pour concilier travail industriel et maternité, deux objectifs chers à la Nation !

Les féministes ont également joué un rôle important dans le mouvement pacifiste, même si la majorité a accepté l'Union sacrée, en 1914. Les femmes socialistes organisent autour de Clara Zetkin une conférence internationale à Berne et y réclament une paix immédiate. Un comité pour la paix permanente se forme à Paris, autour de Gabrielle Duchêne. En novembre 1917, Hélène Brion, une institutrice féministe CGT, est emprisonnée pour avoir écrit des brochures pacifistes.

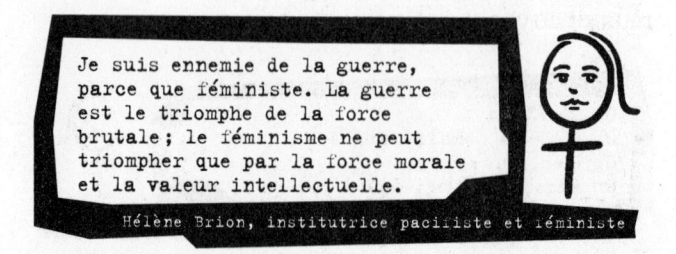

> Je suis ennemie de la guerre, parce que féministe. La guerre est le triomphe de la force brutale ; le féminisme ne peut triompher que par la force morale et la valeur intellectuelle.
>
> Hélène Brion, institutrice pacifiste et féministe

Même si cela ne concerne pas les féministes françaises, n'oublions pas que le 8 mars 1917 (le 23 février du calendrier julien, alors encore appliqué en Russie), les femmes de Petrograd descendent dans la rue pour réclamer du pain, le retour de leurs maris partis au front et le droit de vote ! Cette manifestation massive, pacifique, enclenche un soulèvement général qui balaie le tsarisme en quelques jours. Le 8 mars reste d'abord dans les milieux et pays communistes, puis partout, la Journée internationale des droits des femmes. Mais on oublie souvent qu'il s'agit de l'anniversaire du premier jour d'une révolution qui vit descendre les femmes dans la rue.

LES FEMMES N'ONT ÉTÉ QUE LES DOMESTIQUES

de la guerre

C'est la journaliste libertaire Séverine qui le dit en 1919. Autant vous prévenir. Ces quelques pages ne seront qu'une longue suite d'invisibilisations, de remises en ordre du rôle des sexes, et de régressions.

On va commencer par les quelques rares, timides, avancées. Le droit de vote est concédé au sortir de la Première Guerre mondiale. Ah mais pardon, pas en France ! Pour ça, il faut attendre la fin de la Seconde. Notons aussi que la création du baccalauréat féminin date de 1919 (il était temps), tout comme le diplôme d'État et d'école d'infirmières (elles avaient été pour le moins utiles). Le 26 juillet 1944, un décret crée, dans l'armée de terre française, un corps féminin. Enfin, des femmes sont appelées à participer au défilé de la victoire sur les Champs-Élysées, le 18 juin 1945.

Pour les bonnes nouvelles, désolée, mais c'est tout. Parce que sinon…

⁂

Dans tous les domaines, le rôle tenu par les femmes est minimisé ; partout, les héroïnes comme les victimes sont effacées de la mémoire nationale au profit des combattants masculins. Les monuments aux morts, ce n'est pas pour elles… Au lendemain de la Seconde Guerre mondiale, seules six femmes vont recevoir la décoration de l'Ordre de la Libération (pour actes de résistance) sur plus de mille décorés ! Un journal, qui entend rendre hommage aux femmes en 1944, écrit : « Elles ont tenu à l'arrière la place digne qui devait être la leur, c'est-à-dire la place d'une bonne mère, d'une bonne sœur ou d'une bonne épouse. »

Les femmes sont aussi victimes de représailles spécifiques, principalement au lendemain de la Libération de 1944 – tonte de leurs cheveux. Le phénomène n'est pas propre à la France, mais il y est massif. On a longtemps évalué leur nombre à 20 000 ; on pense désormais qu'elles étaient encore plus. Qui n'a pas vu ces atroces cérémonies expiatoires d'humiliation publique, sans jugement ni enquête ; ces femmes dénudées, humiliées, promenées sous les insultes et tondues en place publique ? Ce pour des faits qui peuvent être également reprochés aux hommes (collaboration horizontale, mais également marché noir, dénonciation). Qu'était-ce d'autre qu'un moyen d'affirmer le contrôle des hommes sur les femmes et leur corps ?

Le retour des hommes, dans les familles, est souvent une remise au pas de l'épouse, qui a pu un temps espérer s'émanciper. D'ailleurs, on remet en vigueur le Code civil et l'incapacité civile des femmes, levée en 1915 (je vous l'avais dit). La place prise par les femmes pendant le conflit a pu entraîner une crise de la masculinité : les hommes se sentent dépossédés, trompés par les femmes qui ont, en leur absence, investi l'espace public et le travail. On retrouve les mêmes processus après les deux conflits. Toutes les études sur la violence conjugale attestent de sa recrudescence dans les mois qui suivent la fin de la Première Guerre. Les nombreux procès de poilus qui ont tué leur femme adultère (ou soupçonnée de l'être, c'est la grande angoisse du temps) se terminent presque tous par un acquittement.

> En ce temps-là, pour ne pas châtier les coupables, on maltraitait des filles. On allait même jusqu'à les tondre.
>
> Paul Éluard, poète

Le retour des hommes est aussi celui du renvoi des femmes au foyer : la démobilisation des femmes est partout rapide et brutale. Elle est au demeurant bien préparée. Pendant le conflit, le travail des femmes inquiète les syndicats : « Quelle que soit l'issue de la guerre, l'emploi des femmes constitue un grave danger pour la classe ouvrière. Lorsque les hommes reviendront du front, il leur faudra lutter contre ces dernières qui auront acquis une certaine habileté et toucheront des salaires différents », dit Alphonse Merrheim, secrétaire de la Fédération des métaux CGT, en décembre 1916.

Le ministère Loucheur offre dès novembre 1918, aux femmes qui travaillent dans les usines d'armement, un mois de salaire si elles quittent immédiatement leur travail. Et ne comptez donc pas sur les syndicats pour les défendre : à son congrès de 1918, la CGT rappelle que « fidèle à sa conception de l'émancipation [*sic*] elle considère que la place des femmes est au foyer ». Même topo en juin 1945. « Débarrassons-nous des femmes ! » titre même le magazine britannique *Atlantic* !

Ajoutez à cela que les après-guerres, du fait de l'intense mortalité, sont des temps d'angoisse populationniste. Il faut repeupler. Allez les filles ! On fait des enfants ! Contraception, avortement, propagande néomalthusienne, tout cela est interdit de 1921 à 1924. Et la lutte contre l'avortement ne faiblit pas au lendemain de la Seconde Guerre mondiale…

~~~

« *Ad vitam aeternam*, j'aurai pas ma statue / Je n'étais que la femme du soldat inconnu. » Après la Première Guerre mondiale, quand toutes les communes de France, les administrations se dotent de leurs monuments aux morts et les seules femmes que l'on y trouve sont des allégories de la France, de la République ou de la Victoire. Avec juste une exception : le monument de La-Forêt-du-Temple (Creuse) est longtemps resté le seul monument comportant le nom d'une femme, Emma Bujardet ; « morte de chagrin », lit-on gravé dans la pierre. Et encore, ça n'a pas été facile. Cette femme a perdu ses trois fils dans la guerre. Et son mari, un Creusois qui avait fait fortune en montant à Paris, a proposé à la commune de financer le monument, à condition que le nom de sa femme y soit gravé avec cette épitaphe. Comme on ne refuse pas une telle offre, le conseil municipal a donné son accord.

Mais voilà qui soulève l'ire de Félix Dubreuil, le président de l'association des anciens combattants de la Creuse. Il écrit donc au maire pour signaler « l'émoi causé dans le monde des anciens combattants par l'inscription du nom d'une femme sur un monument réservé et élevé à la mémoire des enfants morts pour la France » – derniers mots soulignés trois fois. Et de poursuivre sur un ton plus courtois, mais lapidaire : « Je ne pense pas que, malgré tout le mérite qui peut être attribué à la dame en question, elle puisse mériter ce titre glorieux. » Le maire a tenu bon.

Reste qu'il faut attendre 1955 pour qu'un monument aux infirmières soit érigé à Pierrefonds, puis en 2000 à Verdun, en hommage à toutes les femmes. En 2018, on fait aussi ajouter à la liste du monument aux morts de Tours le nom de l'infirmière Marcelle Louvat.

ROSIE

la riveteuse

Vous la connaissez sans nul doute, et Fred Sochard lui fait un clin d'œil sur la couverture de ce livre. Son fichu rouge à pois blancs sur la tête, en bleu de chauffe, remontant sa manche (j'ai longtemps cru qu'elle faisait un bras d'honneur), bombant le biceps, fermant le poing. Et le slogan : « *We Can Do It!* » (« On peut le faire ! ») L'image est devenue une icône du féminisme. Maintes fois reprise, déclinée, pastichée ! Lors du mouvement contre la loi sur les retraites, en 2019-2020, une brigade de Rosies dénonçait les conséquences de la contre-réforme sur les femmes. Mais qui sait qu'à la base il s'agit d'une affiche de 1942 pour la Westinghouse Electric Corporation, une des usines de l'effort de guerre américain ?

Le patron de la Westinghouse passe en effet commande à J. Howard Miller d'une affiche à usage interne à la boîte. Le slogan « *We Can Do It!* » n'a alors absolument rien de féministe. Ce n'est rien d'autre qu'une injonction patronale et gouvernementale à participer à l'effort de guerre et à lutter contre les grèves qui menacent l'entreprise – il faut dire que les salaires sont bien bas et dures les conditions de travail imposées aux femmes, recrutées en masse. Les autres posters de la série dessinée par Miller laissent d'ailleurs entrevoir le ton paternaliste avec lequel le patron de la Westinghouse s'adressait à ses employées. Miller s'est inspiré de la photo de presse d'une ouvrière d'une base aéronautique californienne, Naomi Parker Fraley – qui n'est d'ailleurs pas même informée de la reprise de ses traits.

༄༅༄༅

Elle n'est affichée que deux semaines en février 1942, et aurait dû tomber dans l'oubli. Mais c'est compter sans la couverture en mai 1943 du *Saturday Evening Post* représentant une autre ouvrière dessinée cette fois par Norman Rockwell. Pas le même dessin, ni le même modèle de Rosie (Naomi Parker Fraley cède la place à Mary Doyle Keefe), mais le même fichu rouge, le même bleu de travail et le même bras replié (même si le poing, fermé avec détermination chez Miller, tient un sandwich chez Rockwell). L'ouvrière de Rockwell piétine un exemplaire de *Mein Kampf*, un énorme pistolet à rivets posé sur les genoux. La boîte de déjeuner à côté de l'outil lui confère un prénom : Rosie. Un prénom qui vient sans doute d'une chanson des Four Vagabonds, «*Rosie the Riveter*». Ajoutons pour terminer l'archéologie de l'image que la Rosie du *Saturday Evening Post* semble inspirée de la pose du prophète Isaïe de la chapelle Sixtine. À partir de là, voici que l'on nomme «Rosie» ces femmes mobilisées en masse pour travailler dans les usines et soutenir l'effort de guerre américain ! Pauvres Rosie qui seront renvoyées dans leur foyer après la guerre : 80 % des femmes perdent leur travail en 1945.

En attendant, on avait oublié l'image originelle de Miller.

… plus inconnue que le Soldat inconnu 139

C'était compter sans (eh oui, un nouveau rebondissement) le *Washington Post* qui l'exhume des archives pour un numéro de 1982 sur l'art patriotique. Et c'est là que les féministes d'abord états-uniennes, puis du monde entier, s'approprient l'image, pour en faire l'icône féministe que l'on connaît. Au prix donc d'un sacré retournement !

Il n'en reste pas moins intéressant que la date emblématique du mouvement féministe, le 8 mars, l'une de ses images et l'un de ses slogans iconiques, le «*We Can Do It!*», viennent tous trois des deux conflits mondiaux !

LA FEMME DU SOLDAT INCONNU

Il est parti mourir
La tête dans le vent
Comme on part un sourire
Entre les dents.

Les femmes ça part pas,
Ça meurt à petit feu.
Une femme ça reste
Et ça pleure pour deux.

Il fallait qu'il s'en aille.
Il est pas revenu.
Il a eu sa médaille,
Mon amour inconnu.

Des honneurs à la noix
Et quand la mort s'est tue,
Il a reçu sa croix.
Mais moi je n'ai rien eu.

(Refrain)
Ad vitam aeternam j'aurai pas ma statue.
Je n'étais que la femme du soldat inconnu
(*bis*)

Ils sont là chaque année
À son bon souvenir.
Moi, pendant des années,
Je n'ai rien vu venir.

Pourtant on meurt aussi
Même quand la vie dure.
On meurt même au milieu
Des pots de confiture.

Je l'ai faite, ma guerre,
Mais entre quatre murs.
C'était une autre guerre
Avec une autre armure.

Je l'ai faite à verser
Des landaus à toute heure.
Y'a pas que les fusils
Qui déchirent les cœurs.

(Refrain)

Une guerre à donner
La vie que de la prendre,
Une guerre où la mort
Ne veut jamais se rendre.

Moi aussi je l'ai faite
Et même en souriant.
Et c'était pas la fête
Tout le temps.

Il fallait qu'il s'en aille.
Il est pas revenu.
Il a eu sa médaille,
Mon soldat inconnu.

Des honneurs à la noix
Et quand la mort m'a prise
Je n'ai eu que l'honneur
De la femme soumise.

(Refrain)

La Femme du soldat inconnu, paroles de Magyd Cherfi, musique de Françoise Chapuis, dans l'album *Tripopular* des Femmouzes T., avec l'aimable autorisation de Magyd Cherfi.

Certains titres de ce chapitre sont empruntés à la chanson.

Chapitre 7
Prolétaires de tous les pays, qui lave vos chaussettes ?

LES FEMMES

ont toujours travaillé !

Bon, on va le dire tout de suite, comme ça, c'est fait : LES FEMMES ONT TOUJOURS TRAVAILLÉ !
Voilà. Ça va mieux. Parce que le mythe selon lequel les femmes n'auraient commencé à travailler qu'avec la Première Guerre mondiale a la vie dure. Sauf que non. Et d'ailleurs, il faut insister : non, les femmes ne sont pas une bande de feignasses juste obligées d'aller au turbin quand les hommes sont au front. Les femmes travaillent, depuis longtemps donc, et, en tant que travailleuses, elles ont lutté pour avoir des droits ; des droits comme tous les travailleurs, des droits égaux à ceux des travailleurs, et des droits qui reconnaissent leur spécificité de femmes, le fait qu'elles puissent être enceintes (eh oui…). Pour les féministes, le travail est un droit, une source d'indépendance et de dignité.

~~~~~

Le travail des femmes n'a pourtant jamais été considéré, traité, payé, au même titre que celui des hommes. Pensons déjà aux compagnes d'agriculteurs, de commerçants, d'artisans qui longtemps n'ont pas été reconnues comme travailleuses : sur les recensements du XIXe siècle et du début du XXe siècle, on peut lire « sans profession », au mieux « aide familiale ». Pour les agricultrices, il a fallu attendre 1980 pour que le statut de coexploitante soit créé ! Comment ensuite ne pas évoquer l'injustice salariale pluriséculaire qui fait que, même à travail égal, à temps de travail égal, les femmes ont toujours été et restent encore moins payées que les hommes... Se rappeler alors qu'au début du XIXe siècle les économistes libéraux le justifiaient en considérant que le salaire de l'homme était un salaire «familial» (ce qu'il n'était pas, vu la faiblesse des salaires !) et le salaire de la femme un simple salaire d'appoint (écrit noir sur blanc par Jean-Baptiste Say, en 1803). Je vous laisse imaginer la situation des célibataires avec ces salaires de misère. Sans compter qu'en application du Code civil les femmes avaient besoin de l'autorisation de leur mari pour être embauchées ; des maris qui touchaient le salaire de leur épouse – lesquelles de toute façon n'ont pas pu avoir de compte en banque à leur nom avant 1965...

> À TRAVAIL ÉGAL, SALAIRE ÉGAL !
> Slogan, de la Commune de Paris à nos jours

Si les femmes travaillaient, il y avait néanmoins une division genrée du travail: aux hommes les métiers, tâches et matières nobles (le bois, le métal, donc sidérurgie, métallurgie) ; aux femmes, les industries textiles et agroalimentaires (la bouffe, le linge, les affaires de femme). Les hommes médecins, les femmes infirmières, les hommes obstétriciens, les femmes... sages-femmes. Une division et une hiérarchisation des métiers qui s'expliquent parce qu'on naturalise les compétences des femmes, c'est-à-dire qu'on considère qu'elles seraient par *nature*, parce que femmes, plus aptes à prendre soin des enfants, des personnes malades, âgées, à nettoyer, à faire les lits dans les hôtels. Cela a pour double effet de les cantonner à ces tâches et de ne pas reconnaître la qualification professionnelle de ces métiers (puisque ce serait «naturel»), donc... de moins les payer pour ces travaux. Aux hommes, les métiers reconnus comme les plus qualifiés et les mieux payés. Alors on dira que c'est aussi une affaire de force physique; argument que l'on peut écarter d'emblée en rappelant que certaines femmes sont plus fortes que certains hommes et qu'avec la mécanisation l'argument tombe. Alors qu'on payait les hommes à la journée, les femmes sont longtemps restées payées à la pièce: qui dit salaire à la pièce dit interminables journées de travail et cadences infernales... Une question encore d'actualité, soulevée notamment par les salariées des grands hôtels payées à la chambre et non à la journée. Aux hommes, aussi, les positions de contrôle de la main-d'œuvre: même dans les usines de femmes, les contremaîtres étaient des hommes et ne pouvaient être que des hommes puisque, longtemps, les écoles pour former des cadres d'industrie sont restées fermées aux femmes. Surgit une crise, qui renvoie-t-on en premier? Les femmes. Qui subit le plus le temps partiel (et le salaire partiel, et les retraites amputées)? Les femmes. Enceintes, elles restent encore au début du XXe siècle à leur poste de travail jusqu'à l'accouchement. Pas de congés maternité, pas d'assurance de retrouver du travail, et une bouche de plus à nourrir pour le ménage. Ajoutez à ce cocktail bien détonant toute la panoplie longtemps tue, tolérée, des violences sexuelles (ce n'est qu'en 1992 que le harcèlement sexuel au travail sera pénalisé). Et cerise (pourrie) sur le gâteau : la femme a la double journée puisque, de retour chez elle, elle doit faire à manger, s'occuper des enfants, ranger la maison…

> C'EST PAS LES DOMESTIQUES QU'IL
> FAUT TROUSSER, MAIS LE SEXISME !
> Slogan, Paris, mai 2011

TRAVAILLEUSES

en lutte pour leurs droits

On comprend qu'elles aient lutté. Or ce ne fut pas chose facile. Car le mouvement ouvrier s'est construit sans elles, parfois même contre elles. Le discours ouvrier, puis syndical, a toujours prôné l'image de l'homme au travail et de sa femme au foyer, réclamant la hausse des salaires des hommes car ce devait être un salaire familial (tiens, pour une fois, ils étaient d'accord avec les économistes libéraux), défendant toujours en premier le travail masculin (et français…), pestant souvent contre le travail féminin, perçu comme une concurrence déloyale (car moins payé), ou présentant, à tort, les femmes comme des briseuses de grève. En 1866, la section française de l'Internationale ouvrière se prononce explicitement contre le travail des femmes ! En 1876, le congrès ouvrier affirme que « la place naturelle de la femme est au foyer domestique ». Quant à ceux qui étaient prêts à reconnaître l'égalité femme-homme, voilà qu'ils la renvoient aux calendes grecques : quand le capitalisme sera tombé, le Grand Soir arrivé, alors, là, oui, on se préoccupera de l'égalité. Voilà qui peut expliquer la sous-syndicalisation des femmes, en conséquence plus démunies face au patron.

Que réclamaient les femmes ? Déjà le droit de travailler ! Dans toute l'histoire du féminisme, le travail des femmes a toujours été défendu comme un facteur d'émancipation. C'est mieux que de rester à la maison, d'être cantonnées à la misère quand elles sont seules, ou de n'avoir aucune indépendance financière. Mais une émancipation à condition évidemment d'améliorer ce travail des femmes, de revendiquer des salaires décents, de faire en sorte qu'il ne devienne pas l'espace d'une domination masculine. Ce qui a mis du temps.

En 1848, au cœur de la révolution de février, les travailleuses arrachent le droit d'être traitées comme les travailleurs, le droit d'être admises dans les ateliers nationaux (qui offrent du travail aux chômeurs), d'être représentées à la Commission du Luxembourg. Mais elles subissent de plein fouet la régression libérale, à partir de juin 1848. Les grèves de femmes ensuite se succèdent. Le mouvement des « canuts » lyonnais a, en 1831, marqué la naissance du mouvement ouvrier en France ; eh bien c'est la grève des ovalistes (celles qui préparent le fil de soie de la fabrique lyonnaise) qui ouvre le bal de la lutte des classes des travailleuses. Elles tiendront un mois, à l'été 1869, pour tenter d'arracher une augmentation de salaire et une diminution du temps de travail – elles arrachent la seconde, mais échouent sur les salaires. On peut aussi citer la grève des manufactures de textile de Vizille, menée par Lucie Baud, en 1905, à nouveau contre la faiblesse des salaires et l'augmentation des cadences ; une grève connue car Lucie Baud a laissé un beau texte, publié par l'historienne Michelle Perrot (*Mélancolie ouvrière*), puis scénarisé par Gérard Mordillat. Mais on citera aussi la grève des porcelainières de Limoges (soulevées en 1905 contre un contremaître agresseur sexuel), la grève des ouvrières de la Grande Guerre, des midinettes, puis des munitionnettes (voir chapitre 6, p. 121), qui arrachent la « semaine anglaise », soit le repos du week-end, une indemnité de vie chère et l'égalité salariale, ou encore la grève des *Penn Sardin*, des conserveries de Douarnenez, derrière la figure de Joséphine Pencalet – laquelle sera, soit dit en passant, une des premières femmes élues aux municipales, en 1925.

Comme les hommes, elles occupent les usines en 1936, pendant le grand mouvement de grève de mai-juin ; enfin, leurs usines car, dans les usines mixtes, on les a renvoyées faire la popote à la maison pour alimenter les hommes qui les occupaient. Mais les accords de Matignon comme les conventions collectives qui s'ensuivent ne prennent pas en considération les inégalités salariales femme-homme…

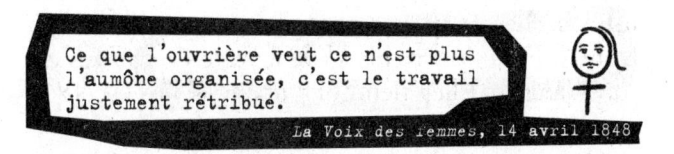

> Ce que l'ouvrière veut ce n'est plus l'aumône organisée, c'est le travail justement rétribué.
>
> La Voix des femmes, 14 avril 1848

Dans la seconde moitié du siècle, on connaît de nombreuses grèves d'ouvrières (notamment dans le secteur de la lingerie, en 1976, ou de l'électroménager, comme la grande grève de Moulinex, en Basse-Normandie, en 1978). Des grèves souvent offensives, pour arracher des augmentations de salaire, mais aussi défensives contre les délocalisations dans l'industrie du textile (comme les Lejaby, en 2012). Certaines s'accompagnent d'expériences d'autogestion par les ouvrières. Si on connaît bien la grève emblématique de Lip (juin 1973, à Besançon; «On fabrique, on vend, on se paie!»), on connaît moins celle des usines Cousseau (à Cerisay) où, en août de la même année, une cinquantaine d'ouvrières, suite au licenciement d'une déléguée syndicale, ont créé leur propre atelier de confection en autogestion pour fabriquer des chemisiers Pil (anagramme de Lip, vous avez compris). On a aussi de plus en plus de grèves de femmes qui travaillent dans le tertiaire, les infirmières notamment (1988), les sages-femmes (2013), et récemment plusieurs mouvements, pour nombre d'entre eux victorieux, de femmes racisées, employées dans le nettoyage (Onet) ou dans les grands hôtels. Ces grèves de femmes sont pourtant souvent oubliées, invisibilisées dans le grand roman ouvrier qui s'écrit au masculin, comme s'écrit par trop aussi l'histoire du travail.

> NI NONNES, NI BONNES, NI CONNES.
> Slogan, infirmières en grève, 1988

La question de la double journée de travail, celle de la prise en compte des carrières hachées des femmes dans le calcul des cotisations retraite s'invitent dans les luttes des travailleuses, aux côtés des plus classiques revendications salariales ou portant sur les conditions de travail, ainsi que le désir de reconnaissance de la qualification et de la professionnalisation de métiers considérés comme féminins (infirmière, sage-femme), la question du plafond de verre ou de la féminisation des noms de métiers. Un féminisme entrepreneurial se développe depuis peu. Il oublie cependant que «des générations d'employées de maison ont été sacrifiées pour permettre à des générations de femmes de s'épanouir et de trouver leur place dans la société», comme le dénonçait déjà Suzanne Ascoët, en 1979, un constat qui reste tellement vrai.

MÉTRO

boulot, berceau

Parmi les travailleuses, ce sont les mères qui ont obtenu le plus de droits, mais surtout parce que l'État, comme le patronat, avait besoin que les femmes travaillent *et* aient des enfants. Au XIXe siècle, en effet, pas de congé maternité, pas d'aménagement du poste de travail, rien. Mais ça n'impactait pas la natalité au début car, en l'absence de toute protection sociale, les familles ouvrières avaient besoin de faire des enfants pour les mettre au turbin et assurer leur retraite. Tout change à partir du moment où cesse le travail des enfants : voici que les familles ouvrières deviennent malthusiennes et réduisent le nombre de leurs enfants. Horreur, malheur, comment faire pour que ce taux de natalité ne chute pas plus encore ? En 1909, une loi accorde aux femmes un congé de maternité de huit semaines, mais il n'est pas rémunéré ; il garantit juste de retrouver son poste. Aussi très peu de femmes le prennent-elles (seules les institutrices reçoivent en 1910 ce congé, assorti de l'intégralité de leur salaire). Pendant la Première Guerre mondiale, il faut à la fois maintenir les femmes en usine pour soutenir l'effort de guerre et encourager la natalité, quand tant d'hommes meurent au front. Cela implique de protéger les femmes enceintes et les jeunes mères au travail. Une loi de 1917 oblige les usines à ouvrir des chambres d'allaitement et à aménager le temps de travail des femmes enceintes ou allaitantes. En 1925, la loi Strauss fixe une rétribution pour le congé maternité, mais elle est ridicule et, à nouveau, peu de femmes l'utilisent. Il faut attendre les lendemains de la Seconde Guerre mondiale pour que les mères aient droit à un congé de six semaines avant et huit après l'accouchement, au cours duquel elles perçoivent des indemnités journalières (la moitié du salaire jusqu'en 1968, le salaire plein après). Progressivement aussi, le nombre d'enfants, le congé maternité, et les possibles arrêts de travail pour élever les bambins sont pris en compte dans le calcul des droits à la retraite des femmes.

OSEZ, OSEZ

Joséphine

Allez, je vous raconte l'histoire d'une Bretonne, une ouvrière, une syndicaliste, une gréviste et l'une des premières femmes élue en France, avant même le droit de vote des femmes : Joséphine Pencalet. Ce qui me permettra de parler de deux belles grèves de femmes.

Joséphine Pencalet (dont le patronyme signifie « tête dure » en breton) est née en 1886, dans une famille nombreuse de marins pêcheurs, à Douarnenez – une ville dont l'économie est tournée vers la pêche et la conserve, avec une répartition bien genrée des tâches : les hommes en mer, les femmes à l'usine. Depuis l'invention de ce moyen de conservation, en 1820, les conserveries poussent comme des champignons sur tout le littoral breton, qui compte 160 conserveries à la fin du siècle et près de 14 000 ouvrières. Notre Joséphine entre donc comme ouvrière dans une conserverie, devenant une *Penn Sardin* (« tête de sardine ») comme on disait. Le travail y est difficile. Voici comment en parle Lucie Colliard, responsable du travail des femmes à la CGTU (centrale syndicale communiste) : « Il faut être debout, toujours debout. La sardine est versée sur les tables ; les femmes la rangent la tête en bas dans des espèces de petits paniers en fil de fer qui seront trempés dans l'huile bouillante. Puis le poisson sera rangé et serré dans les boîtes, qui seront ensuite remplies d'huile et soudées à la machine [...]. Il se dégage de cette marée et de cette huile bouillante une odeur complexe qui vous écœure; on sort de là avec la migraine et on se demande comment les malheureuses ouvrières peuvent travailler de si longues heures sans reprendre haleine» (*Une belle grève de femmes: Douarnenez, 1925*). Les salaires sont très bas, à 80 centimes de l'heure, les sardinières sont purement et simplement exploitées. À titre de comparaison, le kilo de beurre (salé, bien sûr!) est à l'époque à 15 francs. Pour se donner du courage, elles chantent: «Saluez, riches heureux / Ces pauvres en haillons / Saluez, ce sont eux / Qui gagnent vos millions.» Certaines sont licenciées pour avoir fredonné ce chant révolutionnaire dans l'enceinte de leur usine.

~~~

Or, justement, les usines de sardines connaissent d'importants mouvements sociaux, des grèves de femmes donc. Déjà en 1905, les sardinières de Douarnenez et de Concarneau s'étaient mises en grève derrière Eulalie Belbéoch pour réclamer le salaire horaire, quand elles étaient payées à la tâche (au millier de poissons travaillés) – ce qui est classique pour les salaires féminins et génère, comme déjà dit, d'infernales cadences ou d'interminables journées (dix-huit heures alors pour les ouvrières des conserveries). Ces femmes, organisées en syndicat des sardinières, dirigé par Angelina Gonidec, tiennent bon, de longs mois (de janvier à août!) et arrachent la victoire: 80 centimes de l'heure, donc. Aussi, quand Joséphine

Pencalet, veuve avec deux enfants, entre à l'usine presque vingt ans plus tard, ce salaire n'a pas été revu à la hausse…

Une nouvelle grande grève éclate en novembre 1924. Il faut voir que les conserveries s'assoient sur la loi de 1919, qui avait limité la journée de travail à huit heures. Elles travaillent dix heures, parfois plus, parfois de nuit, sans paiement des heures supplémentaires. Alors ces femmes, qui souvent sont les filles des grévistes de 1905, qui sinon ont écouté les récits de ce mouvement victorieux, débraient et descendent dans la rue ! Elles réclament « *Pemp real a vo!* », soit 1,25 franc de l'heure.

Un comité de grève est élu, avec 6 femmes sur 15 membres, dont Joséphine Pencalet qui devient même secrétaire adjointe du bureau du Syndicat des métaux de Douarnenez, affilié à la CGTU (le fait qu'elle soit veuve explique pour partie la place qu'elle a pu prendre). Au niveau local comme au niveau national, les sardinières reçoivent le soutien des marins pêcheurs, d'ouvriers, de syndicalistes, de politiques ou encore de simples citoyens touchés par leur lutte. La grève est aussi soutenue par la municipalité communiste, dirigée par le maire Daniel Le Flanchec qui organise des soupes populaires. La grève est une catastrophe pour le patronat. Sans les ouvrières, pas de poissons en conserve, donc pas de pêche car le poisson ne se conserve pas, pas de vente, pas de revenu ! L'économie de la ville, qui vit des ressources halieutiques transformées, est paralysée. Les gendarmes répriment violemment les grévistes, le maire est suspendu de ses fonctions pour «entrave à la liberté du travail», mais la lutte continue. Les patrons font appel à des briseurs de grève, dont un certain Léon Raynier qui, le 1er janvier 1925, tente d'assassiner Le Flanchec. Il survit et l'attentat soulève une émeute dans la ville! L'affaire médiatise aussi le mouvement, qui suscite une sympathie importante.

Et c'est la victoire! Début janvier 1925, les patrons cèdent! Les ouvrières obtiennent 1 franc de l'heure, les heures sup et la reconnaissance du droit syndical!

Pour conclure le mouvement, une manifestation de joie et un grand bal sont organisés dans la ville: 5 000 personnes y participeront. Et l'élection municipale, dans la foulée, puisqu'elle se tient en mai 1925, est l'occasion de transformer politiquement l'essai marqué syndicalement. C'est aussi l'année où le PCF décide de mettre des femmes à des places éligibles sur ses listes. Il s'agit pour les communistes de s'engouffrer dans une brèche du Code électoral: si la loi de 1884 interdit en effet aux femmes d'être élues, elle ne les empêche pas explicitement d'être candidates. Il s'agit aussi pour le PCF de doubler les associations de suffragettes, plutôt réformistes et bourgeoises. Des femmes sont donc portées sur des listes municipales communistes, un peu partout en France. Bon, cela étant dit, on les a mises sur les listes, mais il n'y a pas trace d'elles à la tribune dans les meetings…

Reste donc que Joséphine Pencalet est élue, au premier tour ! Comme les procédures en annulation traînent, elle participe à six conseils municipaux et aux commissions scolaires et d'hygiène (genrées, tout ça, tout ça…).

Comme c'était prévisible, l'élection de Joséphine Pencalet est annulée, le 16 juin, par le Conseil de préfecture. Elle fait appel de cette décision en introduisant une requête devant le Conseil d'État, première du genre sur laquelle le Conseil doit se prononcer. Il rejette l'appel en novembre, mais les archives conservent de nombreuses ratures sur le manuscrit – témoignage sans doute de l'embarras dans lequel était l'institution. Mais bon, là, ce qui est à la fois si emblématique et triste, c'est que tout le monde s'en fout, de cette annulation. La presse locale n'en parle pas, le PC local comme national n'en parle pas. Exit Joséphine Pencalet… Sans aucun soutien de son parti, elle retourne alors à sa condition de simple ouvrière avec amertume et avec le sentiment d'avoir été manipulée.

Elle disparaît de la vie politique locale, des archives, réduite au silence comme tant de femmes, oubliée avant que l'on se souvienne finalement d'elle, mais après sa mort.

Prolétaires [...], qui lave vos chaussettes ? 161

PENN SARDIN (2005)

Il fait encore nuit, elles sortent et frissonnent,
Le bruit de leurs pas dans la rue résonne.

(Refrain)
Écoutez l'bruit d'leurs sabots
Voilà les ouvrières d'usine,
Écoutez l'bruit d'leurs sabots
Voilà qu'arrivent les *Penn Sardin*.

À dix ou douze ans, sont encore gamines
Mais déjà pourtant elles entrent à l'usine.

Du matin au soir nettoient les sardines
Et puis les font frire dans de grandes bassines.

Tant qu'il y a du poisson, il faut bien s'y faire
Il faut travailler, il n'y a pas d'horaires.

À bout de fatigue, pour n'pas s'endormir
Elles chantent en chœur, il faut bien tenir.

Malgré leur travail, n'ont guère de salaire
Et bien trop souvent vivent dans la misère.

Un jour toutes ensemble ces femmes se lèvent
À plusieurs milliers se mettent en grève.

(Refrain)
Écoutez claquer leurs sabots
Écoutez gronder leur colère.

Écoutez claquer leurs sabots
C'est la grève des sardinières.

Après six semaines toutes les sardinières
Ont gagné respect et meilleur salaire.

Dans la ville rouge, on est solidaire
Et de leur victoire les femmes sont fières.

À Douarnenez et depuis ce temps
Rien ne sera plus jamais comme avant.

(Refrain)
Écoutez l'bruit d'leurs sabots
C'en est fini de leur colère,
Écoutez l'bruit d'leurs sabots
C'est la victoire des sardinières.

> Hommage écrit par la chanteuse Claude Michel, en 2005, quand revient à la mémoire la grève de 1924-1925.

Chapitre 8

SEXE, RACE, LUTTES ET COLONIES

LES COLONIES

au prisme du genre

On l'étudie depuis peu de temps, mais la conquête, la gestion et l'expérience de l'Empire ont été des processus genrés. Les femmes des colonies, parce que femmes, parce que racisées, n'ont été traitées ni comme les hommes des colonies ni comme les femmes des métropoles. Bien sûr, le statut des femmes colonisées diffère d'un territoire à l'autre, dépend aussi de la situation d'origine et, comme toujours, diffère selon la classe sociale à laquelle elles appartiennent. Mais, partout, femmes et hommes ont été assujettis différemment à la colonisation et n'ont pas répondu de la même façon aux dominations subies. Tous les travaux sur la colonisation (qu'il s'agisse de colonies de peuplement ou d'exploitation, quelles que soient les situations politiques et sociales précoloniales) montrent une détérioration globale des conditions de vie des femmes, parce que femmes.

Il faut bien comprendre que les colonisateurs (nous parlerons ici des Français surtout, mais ce n'était pas mieux ailleurs), qu'ils soient militaires, administrateurs civils ou missionnaires, abordèrent l'Afrique et l'Asie non seulement avec leurs préjugés racistes, mais aussi avec leurs clichés sexistes. Et les deux combinés ont eu pour effet d'attribuer aux femmes colonisées un statut légal d'emblée inférieur. Or, dans certaines sociétés précoloniales, les femmes pouvaient avoir des rôles économiques, politiques, culturels importants. La colonisation les en a privées, et ce, d'autant plus que les hommes des territoires colonisés accueillaient finalement de façon positive cette remise au pas des femmes…

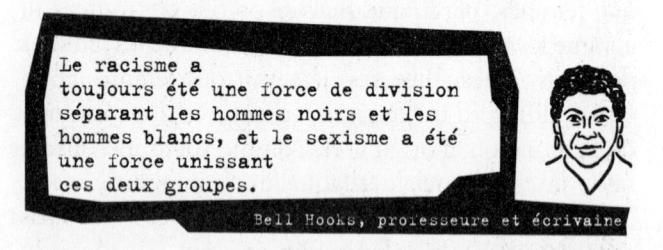

> Le racisme a toujours été une force de division séparant les hommes noirs et les hommes blancs, et le sexisme a été une force unissant ces deux groupes.
>
> Bell Hooks, professeure et écrivaine

La colonisation réorganise donc les systèmes économiques selon un ordre genré. Les colons, hommes, donnent les tâches qualifiées, les postes à responsabilité et les emplois salariés aux seuls hommes. En d'autres termes, les capacités d'entreprendre des femmes africaines, asiatiques, qui assuraient leur autonomie, ont été entravées, voire anéanties par la conjugaison des intérêts masculins et coloniaux. Les femmes sont renvoyées aux cultures vivrières, dans les villages. Or, pour contrer le désir des femmes d'échapper à cette condition paysanne, pour éviter qu'elles ne migrent vers les villes, chefs coutumiers et pouvoir colonial s'allient. Les colonisateurs ont besoin de main-d'œuvre; les chefs veulent garder les femmes au village pour leurs capacités productives et reproductives, et faire pression sur les hommes jeunes pour qu'ils reviennent et paient une dot. *Deal!* Les codes du travail coloniaux autorisent les hommes à migrer, mais pas les femmes…

Ajoutez à cela les représentations des femmes colonisées… Misère! Déjà, la femme racisée en général, et colonisée en particulier, apparaît aux Européens comme une partenaire toujours accueillante dans cet éden sexuel qu'est pour beaucoup l'Empire. L'imaginaire colonial s'est construit sur un imaginaire de femmes non européennes, non blanches, faciles, érotisées; finalement des territoires à conquérir au même titre que les terres – l'Algérie est appelée «la maîtresse dangereuse»; le Laos est une terre décrite «pâmée comme une amante lascive».

> LES FEMMES NI LA TERRE NE SONT DES TERRITOIRES DE CONQUÊTE!
> Slogan, Paris, 7 mai 2020

Romans, photos, tableaux, cartes postales fabriquent et diffusent ces stéréotypes, fixent les clichés d'un érotisme exotique, raciste et colonial. Rappelons aussi que la loi Marthe-Richard, qui supprime en 1946 les maisons closes en France, ne s'applique pas dans l'Empire; ce qui explique pourquoi la France attendra 1960 pour signer la Convention de l'ONU de 1949, «pour la répression de la traite des êtres humains et de l'exploitation de la prostitution d'autrui» (voir chapitre «Le nouvel ordre des sexes», p. 73). Les bordels coloniaux ont la vie dure…

Des clichés qui travaillent encore notre société, quand on pense au scandale à la sortie du film *Gauguin – Voyage de Tahiti* d'Édouard Deluc, en 2017, ou à la polémique suite à la publication du livre *Sexe, race et colonies*, en 2018. Dans son film consacré au premier séjour du peintre en Polynésie, en 1891, le réalisateur omet de montrer que l'épouse tahitienne de Gauguin était âgée de treize ans, et qu'elle n'était pas la seule relation pédocriminelle de l'artiste. Le film masque totalement le fait que le peintre s'est comporté en colon, jusque dans ses actes et son imaginaire sexuels. Dans le même registre, le livre dirigé par Pascal Blanchard, Nicolas Bancel, Gilles Boëtsch, Christelle Taraud et Dominic Thomas analyse et dénonce les violences sexuelles et l'exhibition des corps des femmes racisées et colonisées. Il n'en participe pas moins à l'exhibition humiliante de centaines de femmes « sursexualisées » sous le regard des colons. Qui a envie de voir une photo de sa grand-mère nue dans un beau livre à mettre sous le sapin ?

Autre stéréotype, les femmes des colonies sont toujours décrites par les colons (qu'ils soient médecins, administrateurs, militaires, ethnologues) comme gardiennes des traditions ; ces mêmes traditions que le discours colonial n'a de cesse de brocarder, appelant à « civiliser » les peuples. En conséquence, la colonisation a pris la forme d'une domestication des femmes. Plus que les hommes encore, elles sont décrites comme « à civiliser »... Comme s'il fallait tout leur apprendre, la propreté, s'occuper de leur enfant, tenir leur maison.

De plus, dénoncer l'arriération des sociétés colonisées passe beaucoup par la dénonciation du statut de la femme. Les Britanniques dénoncent ainsi la crémation des veuves en Inde, le mariage d'enfants, le mariage forcé et le lévirat (mariage obligatoire de la veuve avec le frère du défunt) – des coutumes qui existent certes, mais pas dans toutes les classes, ni partout. Les Français focalisent, eux, sur les pratiques de polygamie. Résultat : l'émancipation des femmes est instrumentalisée comme prétexte à une œuvre de colonisation ; mais, ne rêvons pas, elle vise surtout à marquer la supériorité morale du colonisateur. Les Français qui conservent le Code civil et refusent le droit de vote aux femmes ne se gênent pas pour dénoncer le statut des femmes africaines ou asiatiques… Et puisque l'on parle d'émancipation, ils pourraient ouvrir les écoles aux femmes ! Mais non. Là où la colonisation s'accompagne d'une œuvre de scolarisation, limitée de toute façon, ce sont les hommes que l'on scolarise bien plus que les femmes : au Vietnam, 30 % des garçons sont scolarisés contre 3 % des filles. Et quand les femmes françaises obtiennent, enfin, le droit de vote, les femmes des colonies sont exclues de ce droit, au motif, entre autres, qu'elles ne sont pas alphabétisées…

Or, force est de constater que la majorité des féministes françaises n'ont que peu remis en cause la légitimité de la colonisation, et même ont pu reprendre à leur compte les discours «civilisateurs» du discours colonial. Si Hubertine Auclert, de retour de quatre années en Algérie, dénonce le racisme et le sexisme, elle n'en appelle qu'à une «autre forme» de colonisation et à l'assimilation des Algériennes. Elle «endosse donc le "fardeau de la femme blanche" chargée d'émanciper ses sœurs algériennes» (pour reprendre les mots de Pascale Barthélémy, la spécialiste de ces questions). Et l'on constate peu d'évolution dans les années 1930 : les états généraux du féminisme organisés dans le cadre de l'Exposition coloniale de 1931 n'ont pas d'autre but que de valoriser l'œuvre «prodigieuse et féconde» des femmes colons... Il faudra attendre l'après-Seconde Guerre mondiale et la marche vers la décolonisation pour que quelques féministes fassent entendre une voix discordante – que l'on pense à Simone de Beauvoir, Gisèle Halimi ou Andrée Michel. Le féminisme des femmes colonisées s'est construit à l'écart du féminisme de métropole, qui a été majoritairement sourd et aveugle à leurs revendications.

DÉVOILEZ CE *HAÏK*

que nous ne saurions voir

Alger, place du Forum, le 18 mai 1958. La foule est dense. Des Algériennes et des Européennes mêlées, au milieu de photographes. Les voiles traditionnels tombent, qu'ils soient enlevés par les Algériennes (en langue coloniale, les «musulmanes») ou les Européennes. Mmes Salan et Massu (les épouses du chef de l'Armée et du chef des paras) sont présentes. Quelques voiles sont brûlés. Des cris: «Vive l'Algérie française!» Les clichés paraissent les jours suivants dans la presse. Les articles qui les accompagnent parlent d'«émancipation de la femme algérienne», de «soutien à l'Algérie française».

~~~~

Creusons un peu… Tout a été soigneusement orchestré par le cinquième bureau de l'Armée, à Alger; «bureau d'action psychologique» – traduisez: propagande. Les Algériennes sont pour la très grande majorité des femmes pauvres que l'on est allé chercher dans les bidonvilles autour de la capitale, payées (quand ce n'est pas forcées) pour la cérémonie, comme en attestent les télégrammes conservés dans les archives militaires. En mai 1958, la guerre s'enlise depuis quatre ans; la bataille d'Alger et son atroce cortège de tortures ont fait rage en 1957. Le 13 mai, un soulèvement des colons et militaires français algérois cherche à imposer de Gaulle à la tête de l'exécutif – lequel s'est dit prêt à prendre le pouvoir, le 15 mai. Mais il faut donner un semblant de légitimité populaire à ce qui tient du coup de force, ainsi qu'au petit groupe des putschistes du 13 mai qui risque bien la cour martiale si la IV⁰ République venait à tenir bon. Le cinquième bureau met donc en scène des cérémonies de fraternisation entre les deux communautés, au cœur desquelles les cérémonies de « dévoilement » des femmes ont une place centrale. Dans un télégramme du 20 mai, le bureau demande aux commandants des trois corps d'armée (Alger, Oran, Constantine) de reproduire ces cérémonies de « dévoilage » (*sic*, source SHAT 1H 2461/1).

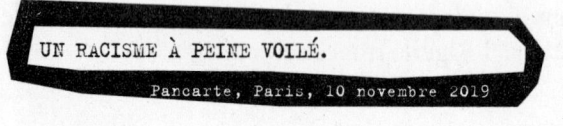

> UN RACISME À PEINE VOILÉ.
> Pancarte, Paris, 10 novembre 2019

♀

Creusons plus encore… Le voile traditionnel algérien, *haïk*, et le « dévoilement » sont une des obsessions coloniales, mêlant fantasmes érotiques, volonté de contrôle sur le corps des femmes et domination coloniale. Le voile perturbe l'ordre visuel des canons occidentaux. Ce d'autant que le port (traditionnel plus que vraiment religieux) du *haïk* s'est renforcé de significations et d'usages nouveaux sous la colonisation, et plus encore depuis la guerre. Pour de nombreuses femmes, c'est le moyen d'affirmer leur identité, de signifier leur refus de l'assimilation forcée : un acte de résistance culturel. Dans le cadre de la guerre, c'est un outil dont savent jouer les *fidayates*, ces combattantes de l'Armée de libération chargées des actions de terrorisme : voile dans lequel on dissimule des armes, des bombes ; voile que l'on enlève pour évoluer dans la ville européenne sans susciter le regard suspicieux des autorités françaises ; voile que l'on remet pour se fondre dans la casbah. « Il y a donc un dynamisme historique du voile très concrètement perceptible dans le déroulement de la colonisation en Algérie », écrira Frantz Fanon. Et d'ajouter : « Devant cette nouvelle offensive réapparaissent les vieilles réactions. Spontanément et sans mot d'ordre, les femmes algériennes dévoilées depuis longtemps reprennent le *haïk*, affirmant ainsi qu'il n'est pas vrai que la femme se libère sur l'invitation de la France et du général de Gaulle » (Frantz Fanon, « L'Algérie se dévoile », *L'An V de la révolution algérienne*, Maspero, 1959).

DÉCOLONIALES

et féministes

Les femmes ont joué un rôle important dans les mouvements indépendantistes, puis dans les processus de décolonisation, menant souvent de front la lutte contre la colonisation et celle contre le double patriarcat colonial et indigène. Comme souvent, elles s'organisent en associations «non mixtes». C'est dans les colonies anglaises qu'émergent les premières associations de femmes. En Inde notamment, avec la Women's Indian Association, proche du parti du Congrès, créée en 1917 et qui a comme particularité de rassembler sur des revendications féministes des Indiennes et des Anglaises. Elles réclament notamment le droit de vote, concédé à la sortie de la guerre mais sur critères censitaires. Des mouvements féministes apparaissent aussi en Tunisie, dans les années 1930, regroupant également Européennes et Tunisiennes autour de la revendication des droits des femmes – en premier lieu desquels, à nouveau, le vote. Existe aussi l'Union musulmane des femmes de Tunisie, plus clairement nationaliste et proche du parti indépendantiste Néo-Destour.

Au lendemain de la Seconde Guerre mondiale, alors que croissent les revendications bientôt indépendantistes, des associations de femmes jouent un rôle de plus en plus important, participant aux manifs, aux grèves, puis, dans les processus de soulèvement, transmettant les infos, cachant les combattants, pratiquant espionnage et sabotage, et pouvant même prendre les armes. Reste que les associations nationalistes de femmes sont souvent sous la coupe de partis dominés par les hommes. Elles n'en portent pas moins un discours qui leur est propre, mêlant la dénonciation de la domination coloniale à celle de la domination masculine.

> Je tenais un discours ultra-révolutionnaire, j'étais parfois plus homme que les hommes. Je prônais l'idée que le développement de la société suffirait à transformer la situation des femmes.
>
> Gisèle Rabesahala, femme politique

En Algérie, au sein des deux principaux partis nationalistes (le Parti communiste algérien et le Mouvement pour le triomphe des libertés démocratiques), elles ne sont qu'une poignée, mais notable. La sage-femme Mamia Chentouf crée l'Association des femmes musulmanes algériennes qui exclut les Européennes ; lesquelles participent en revanche à l'Union des femmes algériennes, créée en 1943 et liée au Parti communiste. Au Maroc, on citera Malika El Fassi qui se fait connaître pour avoir protesté, dans les années 1930, contre l'interdiction faite aux femmes d'entrer à l'Université et est la seule femme qui signe le Manifeste de l'indépendance marocaine, en 1944. Mais les femmes se heurtent aussi, même au sein des partis nationalistes, à des tendances patriarcales : certains y dénoncent l'émancipation de la femme comme une lubie occidentale, contraire aux identités nationales.

Partout, en fait, on se rend compte que les mouvements d'indépendance, toujours racontés au masculin, ont eu une part de femmes très actives et des personnalités marquantes comme la sage-femme malienne Aoua Keïta, l'institutrice Jeanne Martin Cissé, en Guinée, ou, en Haute-Volta (Burkina Faso), Célestine Ouezzin Coulibaly – qui organise, en 1949, une marche de plusieurs milliers de femmes pour réclamer la libération de nationalistes incarcérés. Les femmes se distinguent aussi à Madagascar, comme Gisèle Rabesahala (proche du Parti communiste, avocate défendant les accusés de l'insurrection de 1947 et que l'on appelle la « Vierge rouge de Madagascar ») ou Zèle Rasoanoro (communiste aussi, élue conseillère municipale en 1956 et que l'on surnomme « *Mitomban-dahy* », soit « pareille à un homme »). Ces femmes défendent les positions « décoloniales », mais aussi l'émancipation des femmes, et soutiennent que les deux ne peuvent aller qu'ensemble. Elles se structurent notamment dans le cadre de la Conférence des femmes africaines, organisation panafricaine fondée en 1962, à Dar es Salam (Tanzanie) ; Jeanne Martin Cissé en est la secrétaire générale. Cette organisation servira après la décolonisation de cadre au féminisme des femmes africaines, dénonçant l'ethnocentrisme occidental du féminisme et appelant à le décoloniser.

N'oublions pas ces milliers de femmes dont l'action se révèle cruciale dans les maquis et les groupes armés, même si, comme souvent, elles se chargent surtout du ravitaillement, des soins aux blessés, de l'éducation ou d'importantes missions de renseignement. D'une certaine façon, l'armée française reconnaît leur rôle. Dans les journaux de marche des unités, l'évolution est sans ambiguïté : abattre une femme, encore présenté comme une bavure dans les premières années du conflit algérien, devient un fait de guerre à partir de 1959-1960.

Certaines prennent aussi part au combat. Au sein du FLN, les *fidayates* sont chargées de missions de terrorisme. Djamila Bouhired est ainsi membre du « réseau bombe » du FLN, et l'une des actrices de la bataille d'Alger. Blessée et capturée en avril 1957, elle subit la torture, puis est condamnée à mort le 15 juillet 1957. À l'annonce du verdict, la voici qui éclate de rire. « Mais l'heure est grave, mademoiselle ! » s'étrangle le juge. Djamila Bouhired s'en moque, rit à la tête de la justice coloniale. Elle sera graciée en 1962. Djamila Boupacha, que Djamila Bouhired avait recrutée, est elle aussi arrêtée, torturée, mais également violée et victime d'ignobles violences sexuelles. Elle est défendue par Gisèle Halimi (que nous retrouvons dans la lutte pour le droit à l'IVG et celle pour la criminalisation du viol). Halimi écrit avec Simone de Beauvoir un livre pour la défendre et toutes deux montent un comité de soutien, avec Germaine Tillion (ancienne résistante et déportée, ethnologue spécialiste de l'Algérie). Condamnée à mort comme Bouhired, Boupacha sera graciée à la fin de la guerre. Mais ses tortionnaires ne seront jamais jugés, l'amnistie entraînant l'abandon des poursuites.

> Djamila Boupacha représentait un peu toutes les causes que je défendais : l'intégrité du corps de la femme, son respect, son indépendance, son autonomie, son engagement politique, et la cause de l'anticolonialisme.
>
> Gisèle Halimi, avocate

Ce que montrent ces deux exemples, c'est que les combattantes du FLN ont subi une répression genrée, principalement des viols dont la pratique a été massive pendant la guerre ; ce d'autant que, comme l'écrit Raphaëlle Branche, « à travers la femme, bousculée, violentée, violée, les militaires atteignent sa famille, son village, et tous les cercles auxquels elle appartient jusqu'au dernier, le peuple algérien ». Le viol de guerre agit, pour reprendre les mots de Gerda Lerner, aussi comme une « castration symbolique des hommes » (*The Creation of Patriarchy*, 1986). Ce qui explique que ces viols aient été doublement tus – et par l'armée française et par le FNL – et jamais punis...

SOLITUDE

femme debout !

Le ventre rond des dernières semaines de grossesse, les mains posées sur les hanches, le regard ferme, la statue de la « mulâtresse » Solitude est fièrement campée au carrefour giratoire de la Croix, aux Abymes, en Guadeloupe.

Solitude naît en Guadeloupe aux environs de 1772, fruit du viol de sa mère, Bayangumay, par un marin blanc, sur le bateau qui la déporte aux Antilles. La petite fille, prénommée Rosalie, devient donc esclave, domestique au service d'un maître. Pendant plus de vingt ans, elle connaît les lourdes punitions, la privation de liberté, l'oppression et les violences sexuelles. Mais, en 1793, l'esclavage est aboli en Guadeloupe par le commissaire de la République, ce que confirme un décret du 4 février 1794. La vie des anciens esclaves reste difficile, faute de la moindre politique d'aide ou d'indemnisation. Pire, des pratiques de travail forcé se substituent rapidement à l'esclavage. Rosalie rejoint alors une communauté de « marrons » (ainsi que l'on nommait les esclaves qui s'étaient échappés des plantations avant l'abolition), avec lesquels elle vit quelque temps dans les *mornes* (collines). Mais, en 1802, Napoléon Bonaparte rétablit l'esclavage. Les anciens esclaves se révoltent à l'appel de l'abolitionniste martiniquais Louis Delgrès : « À l'univers entier, le dernier cri de l'innocence et du désespoir » (10 mai 1802). Celle qui se fait désormais appeler Solitude, alors enceinte de quelques mois, rejoint, les armes à la main, la révolte. Ils sont nombreux à périr dans les combats. Parmi les rares survivants, Solitude. Capturée, elle n'est pas exécutée immédiatement, en raison de sa grossesse. Elle accouche le 28 novembre 1802, d'un petit garçon qui naît esclave. Elle est pendue le lendemain. Les sources disent que la foule était nombreuse, et silencieuse.

La vie de Solitude illustre différents points emblématiques de l'esclavage au féminin car, si l'on a parfois écrit que l'esclavage avait provoqué une forme brutale d'égalité entre les sexes, assignant hommes et femmes aux mêmes tâches, aux mêmes violences, les travaux récents tendent à montrer que non : il y a bien une histoire genrée de l'esclavage.

Sa mère est victime de la «pariade», quand les commandants des bateaux négriers livraient les femmes aux matelots ivres avant d'arriver... Métisse, enfant d'un homme libre, elle n'en est pas moins «esclavagisée»; une disposition qui date du Code noir de 1685, quand, avant, elle aurait été libre à la naissance. Elle rejoint, comme d'autres femmes, une communauté de marrons, souvent dirigés par des hommes. Il est vrai que, les femmes esclavagisées étant plus souvent employées dans les maisons, il leur était donc plus difficile de s'enfuir que les hommes qui étaient envoyés aux champs.

Mais il y avait aussi des bandes de marrons dirigés par des femmes, comme à la Jamaïque avec la figure de Nanny – dont la légende rapporte qu'elle arrêtait des balles avec les mains ! Les femmes ont été particulièrement actives lors des révoltes de 1802 contre le rétablissement de l'esclavage par Napoléon : les «femmes debout», les «femmes courage». Si Solitude est la plus connue, elle ne fut pas la seule. On pourrait aussi citer Heva, à La Réunion, Claire en Guyane française, ou encore Sanité Belair, Défilé ou Marie-Claire Heureuse en Haïti – souvent éclipsées dans les récits par leurs compagnons, mais de plus en plus reconnues.

Enfin, Solitude symbolise la «maternité servile». Comme il était moins coûteux pour les planteurs d'esclavagiser les enfants plutôt que d'acheter les adultes apportés par la traite, ils poussaient à la maternité des femmes esclaves. Certaines cherchaient alors à avorter, ce qui était sévèrement réprimé.

Ce ventre que porte fièrement la statue de Solitude évoque donc aussi combien le ventre des femmes était au cœur des processus de domination masculine, raciste et coloniale, et le restera longtemps... Près de deux siècles après sa mort, c'est à nouveau «le ventre des femmes» (Françoise Vergès) qui est au cœur des préoccupations coloniales, avec les avortements forcés des années 1970 (voir chapitre «Un enfant... si je veux [...]», p. 185).

DJAMILA BOUHIRED

Djamila, Djamila mon amie,
Je te salue, où que tu sois,
En prison, torturée, où que tu sois,
Je te salue Ô Djamila, depuis ma ferme,
Je te dédie une belle chanson.
Derrière chez moi, un amandier fleurit
    et la lune verdoie,
Une vague de sable navigue depuis nos côtes.
Elle navigue pour te rendre hommage,
    Ô Djamila,
Toi, la rose d'Algérie si belle !
Ton histoire, la préférée des enfants,
Irradie la face du soleil de sa bravoure.
Là-bas en Algérie, entre les rangées d'oliviers,
Naissent des révoltés au cœur du silence,
Rêvant de justice, de paix et d'olives,
Et dans les pensées nostalgiques
    fleurit une douceur de vivre
Et une place pour le soleil et les enfants.
Là-bas en Algérie, là où la terre se révolte,
À quand ce nouveau jour, ses signes
    annonciateurs ?
Djamila mon amie, ton corps menu
Souffle tel l'ouragan,
Tel de l'héroïsme,
Et dans toutes les villes lointaines,
Et dans les villages amis récents,
Monte un grondement dans les rues,

Scintillent les haches dans les champs,
Flottent les drapeaux !
Qu'un hommage te soit rendu pour la liberté,
Qu'un hommage soit rendu à tout peuple en lutte
Qui aspire à la vie et à la paix,
Les drapeaux sont agités,
Les drapeaux sont agités.

> Texte et musique des frères Rahbani, chanson interprétée par Fairuz, traduction M.C. Belamine.

Chapitre 9

Un enfant... si je veux... quand je veux

OCCUPE-TOI
DE TES PRIÈRES

on s'occupe de nos ovaires

Du XIXe siècle à nos jours, les femmes n'ont eu de cesse d'être soumises à des injonctions contradictoires. Pondez ! Limitez vos naissances ! Pondez ! Injonction variable selon la couleur de peau ou la classe sociale de la mère. Et la femme a dû lutter pour pouvoir être, en la matière, celle (et la seule) qui décide !

Au XIXe, l'injonction est au repos des ovaires. La France et ses élites sont malthusiennes : une nation riche est une nation qui maîtrise sa natalité pour ne pas déséquilibrer le poids de sa population, au regard des ressources disponibles – alimentaires en premier lieu.

~~~

Pas de bol, les classes populaires font beaucoup d'enfants. Il faut les comprendre : en l'absence de la moindre politique sociale, alors que les salaires sont bas et que le travail des enfants est légal, une famille nombreuse est une sorte d'assurance revenu, chômage et vieillesse. Il faut dire aussi que, si les propriétaires limitent leur descendance pour ne pas avoir à partager l'héritage, les plus pauvres n'ont pas ce genre de préoccupations… Et, plutôt que de réfléchir aux causes de cette forte natalité des classes populaires (ouvriers d'usine comme des champs), plutôt que de chercher des solutions politiques à la misère, on préfère en rendre les ouvriers, et partant les ouvrières, responsables. Ils sont pauvres ? Ils n'ont qu'à pas faire autant d'enfants ! Un grand classique, au demeurant, que ce discours qui fait porter sur la fécondité la responsabilité de la pauvreté, à défaut d'en interroger les causes, ou d'en chercher les remèdes ; discours que l'on retrouve au XXe siècle, utilisé contre les pays en voie de développement et les femmes de ces pays.

Aussi regarde-t-on d'un œil torve les mères de familles nombreuses, du moins quand elles sont pauvres. Alors que l'aide sociale est limitée et conditionnée à l'inscription sur les « listes des indigents » établies par les mairies, il n'est pas rare que l'on y raye les familles de plus de trois enfants. Ailleurs, on encourage la limitation des naissances en donnant des « prix de tempérance » aux classes populaires qui ont su se refréner sur la marmaille.

<hr />

L'un des aspects positifs de ce malthusianisme d'État est que la justice ferme les yeux sur les avortements. Il a beau être reconnu comme un crime dans le Code pénal, les rares procès se concluent par des acquittements.

Finalement, l'interdiction progressive du travail des enfants au XIXe siècle, l'obligation scolaire (lois Ferry de 1881-1882), ainsi que l'amélioration relative des salaires pousseront les familles ouvrières à réduire d'elles-mêmes leurs naissances, les enfants devenant bien coûteux. Qui plus est, se développe un discours que l'on dit néomalthusien, pour le distinguer du malthusianisme des élites, et qui prône auprès des ouvriers la contraception et l'avortement pour limiter les naissances au nom d'arguments sociaux, pacifistes et féministes. Pas de chair à plaisir, pas de chair à canon, pas de chair à patron ! Marie Huot appelait ainsi à la « grève des ventres ». Mais seules les féministes les plus radicales, comme Madeleine Pelletier, se déclaraient néomalthusiennes, pour libérer les femmes du « fardeau de la maternité » et maîtriser leur corps.

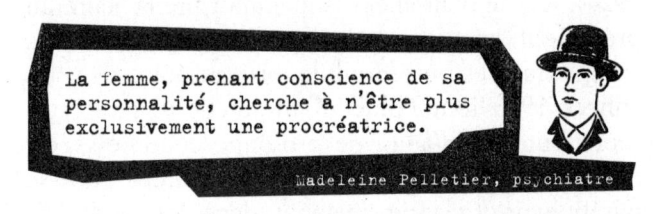

> La femme, prenant conscience de sa personnalité, cherche à n'être plus exclusivement une procréatrice.
>
> Madeleine Pelletier, psychiatre

Et là, catastrophe ! Alors que l'on aurait pu les laisser tranquilles… voici que le nouveau mot d'ordre est : « Faites des mômes ! » Ben oui, parce qu'il en faut quand même dans les armées et les usines… Les élites malthusiennes du début du siècle deviennent populationnistes sur sa fin. Enfin, pour les ouvriers – pour elles-mêmes, non. Elles continuent en effet à limiter leur descendance, car on ne rigole pas avec l'héritage. Des pères d'enfant unique se lamentent désormais sur la « dépopulation de la France » (tout au plus une baisse de la croissance démographique) et en rendent les mères des classes populaires responsables ! Ils demandent aussi une politique qui interdise les pratiques contraceptives, l'avortement et la propagande néomalthusienne.

Tant que l'État ne se prononce pas, cela n'a pas grande incidence. Mais tout bascule avec la Première Guerre mondiale. La saignée démographique est profonde et nourrit l'angoisse du dépeuplement et du vieillissement de la France. L'État s'engage dès lors dans une politique résolument nataliste qui comporte un volet répressif et un volet incitatif. La contraception est désormais interdite ainsi que toute propagande néomalthusienne (loi de 1920), et l'avortement poursuivi par les tribunaux (loi de 1924). On ne peut aller jusqu'à interdire la vente du préservatif, angoisse de la syphilis oblige, mais tous les spermicides puis la pilule mise au point dans les années 1950 font l'objet d'interdictions. Avec surtout pour effet l'angoisse profonde et le désespoir des femmes enceintes, à la recherche d'une aide, se faisant avorter clandestinement, dans des conditions dangereuses, et se retrouvant en pleine hémorragie à l'hôpital – où elles étaient curetées avec mépris et brutalité par les médecins, quand ils ne les dénonçaient pas. En contrepartie de cette répression, apparaissent des aides sociales à partir de 1939 (Code de la famille), le calcul du quotient familial pour les impôts à partir de 1945, un congé maternité indemnisé, et le collier de nouilles à la Fête des mères (instaurée par la IIIe République, officialisée par Vichy, conservée par la IVe République)…

La traque des avortées et des avorteuses connaît son point d'orgue sous le régime de Vichy puisque l'avortement est fait crime contre la nation et la sûreté de l'État, puni de mort. Et elle continue (sans la peine capitale) sous la IVe République. Alors que plusieurs pays voisins autorisent l'IVG (comme le Royaume-Uni ou les Pays-Bas), alors que la pilule est en vente dans les pharmacies allemandes dès 1961, en France : non, non et non…

Du moins, en métropole ! Parce que le discours est bien différent dans les colonies – pardon, les départements d'outre-mer. Comme l'ont révélé les travaux de Françoise Vergès, à La Réunion, aux Antilles, on encourage les femmes noires à ne pas trop faire d'enfants : retour du malthusianisme qui culpabilise les femmes et les rend responsables de la pauvreté de territoire en « sous-France ». Non seulement la propagande officielle est malthusienne, mais, surtout, à la fin des années 1960, des médecins pratiquent des avortements forcés, même des stérilisations imposées à des femmes qui n'ont rien demandé. Le patriarcat d'État qui contrôle le corps des femmes n'est pas égal partout : il interdit aux femmes d'avorter en métropole et avorte de force les femmes des DOM-TOM.

Alors, les femmes se sont battues pour arracher la libre disposition de leur corps.

MON CORPS

mon droit, mon choix

À partir des années 1960, la lutte pour la contraception et l'IVG devient un âpre combat mené par les femmes, au nom du droit à disposer de leur corps. À la différence des néomalthusiens du début du XXe siècle, ce n'est plus un discours de limitation de la natalité, mais de choix, de contrôle sur la natalité et la sexualité. Il s'agit pour les femmes de mettre fin aux angoisses permanentes de tomber enceintes, aux angoisses quand elles l'étaient, avec la revendication d'avoir accès à une contraception sûre et, en cas d'échec, à un avortement sécurisé, pour une sexualité heureuse et détendue, et une maternité choisie – fût-ce pour avoir plusieurs minots.

À partir de 1956, un mouvement justement intitulé « Maternité heureuse », futur Planning familial (il prend ce nom en 1960), milite pour la légalisation et la généralisation de la contraception (seulement). Le premier centre est ouvert à Grenoble, en 1961 : c'est un centre de documentation et de renseignements, qui donne les noms de médecins acceptant de délivrer la pilule (si l'exploration de la capacité de certaines hormones à bloquer l'ovulation commence dès les années 1930, ce n'est qu'en 1957 que la première pilule contraceptive est commercialisée, aux États-Unis, conçue par Gregory Pincus et son équipe – en tant qu'antidouleur avec, pour effet secondaire, une action contraceptive! En Europe elle débarque en 1961, en RFA). La revendication pour la contraception libre prend de l'ampleur, se déploie en manifestations, pétitions, et débouche sur l'importante loi Neuwirth, de décembre 1967 – dont l'application sera freinée par la lenteur de rédaction des décrets... publiés pour les derniers en 1973!

La contraception légalisée, restait à conquérir le droit à l'IVG! Deux camps se font alors face. Les pro-IVG rassemblent le MLF (né en 1970), l'association Choisir et bientôt le Planning et le MLAC (Mouvement pour la libération de l'avortement et de la contraception). En face, les antiavortement (et qui tiennent à ce mot, se refusant à dire «IVG»), dont l'association Laissez-les vivre du professeur Jérôme Lejeune.

Les étapes de la lutte sont assez connues. Le «Manifeste des 343», soit 343 femmes qui affirment avoir avorté, parmi lesquelles quelques personnalités du monde des lettres et du spectacle (et non des moindres, Catherine Deneuve, Delphine Seyrig, Jeanne Moreau...), est publié dans *Le Nouvel Observateur* en avril 1971. L'impact est considérable. Le ministère public choisit de ne pas les poursuivre; reste que nombre d'entre elles (les moins connues) n'en sont pas moins sanctionnées dans leurs boulots...

En 1972, c'est le procès de Bobigny. On juge une jeune fille, Marie-Claire, avortée à la suite d'un viol, dénoncée par le petit ami violeur, ainsi que sa mère et l'avorteuse. Gisèle Halimi se dévoue corps et âme et fait surtout le procès de la loi de 1920, de son hypocrisie, de sa violence. La jeune fille est relaxée, la mère et l'avorteuse condamnées à des peines légères. Là encore, le retentissement du procès est majeur. En 1973 est fondé le MLAC qui organise des voyages collectifs vers les Pays-Bas ou le Royaume-Uni : « Ce n'est pas du tourisme, c'est un avortement », pouvait-on lire sur les bus affrétés plusieurs fois par semaine.

Surtout, à partir de 1972 (et le MLAC aura ensuite un rôle moteur), commencent les « avortements Karman ». Et ça, on en parle peu, alors que c'est important. À la base, il s'agit d'une méthode médicale d'IVG par aspiration et non par curetage : moins invasive, moins douloureuse, moins dangereuse. Mais surtout, c'est un état d'esprit : des groupes de femmes qui se réunissent dans des appartements, discutent, se réconfortent, puis procèdent grâce à un personnel médical formé (infirmières, sages-femmes le plus souvent) aux IVG Karman. Voilà qui permet aux femmes de se passer des seuls médecins (hommes souvent), d'avorter entre elles (« *self help* »), et donc de se réapproprier leur corps. En d'autres termes, une démarche émancipatrice au-delà même de l'IVG ! Et grâce à laquelle la courbe des complications médicales et donc des décès suite aux curetages s'effondre.

Voilà qui crée une véritable panique ! Non seulement parce que cela contourne l'interdiction, mais aussi parce que c'est aux mains des femmes ! Le prédécesseur de Simone Veil à la Santé, Michel

Poniatowski, la prévient qu'il faut aller vite : « Sinon, vous arriverez un matin au ministère et vous découvrirez qu'une équipe du MLAC squatte votre bureau et s'apprête à y pratiquer un avortement... » Chiche !

Si l'opinion publique se mobilise, au sommet, on dirait les trois singes qui ne voient pas, ne parlent pas, n'écoutent pas. Sous la présidence de Pompidou, aucun projet favorable à l'IVG n'est déposé à la Chambre. Juste un projet de loi pour avortement en cas de viol et d'inceste, pas même examiné. Mais Pompidou passe l'arme à gauche, et Giscard (qui s'était bien gardé de prendre position sur l'IVG pendant la campagne) est élu et nomme Simone Veil à la Santé. Laquelle dépose donc à l'automne 1974 le premier projet de loi qui libéralise, en l'encadrant, l'IVG médicalisée.

> Nous ne pouvons plus fermer les yeux sur les trois cent mille avortements qui, chaque année, mutilent les femmes de ce pays, qui bafouent nos lois et qui humilient ou traumatisent celles qui y ont recours.
>
> Simone Veil, femme politique

Le débat eut lieu dans l'hémicycle sur deux jours. Les consignes de discipline de vote et de temps de parole sont levées, ce qui va donner un débat incroyable. Il y a de tout : des propos d'une haute tenue, d'autres odieux et inacceptables, des moments de cirque... Devant le palais Bourbon, des manifs de féministes, quand d'autres égrainaient le rosaire, place de la Concorde ! Et le vote en pleine nuit, à 3 h 40. Adoption à une majorité de 284 contre 189 : victoire ! En France, les femmes peuvent désormais interrompre librement leur grossesse !

Mais ne nous réjouissons pas totalement. Il y a des garde-fous, nécessaires pour faire passer la loi, sans nul doute : une loi provisoire, pour cinq ans, qui n'autorise l'IVG que dans les dix premières semaines de grossesse, avec autorisation parentale pour les mineures, processus d'entretien visant à décourager la femme enceinte, clause de conscience pour les médecins et le tout non remboursé par la Sécurité sociale. Et surtout... sous le contrôle des médecins : pas de « *self help* » donc. Mais bon, c'est déjà ça.

> ABORTO LEGAL YA !
> Mouvement pour le droit à l'IVG, Argentine, 2018

Les batailles se succèdent pour arracher le vote définitif en 1979, le remboursement par la Sécurité sociale (enfin, plutôt un collectif budgétaire voté à part) en 1982 (loi Roudy), la pénalisation des commandos anti-IVG (loi Neiertz, qui institue le délit d'entrave à l'IVG) en 1992. La loi Aubry-Guigou de 2000 allonge le délai à douze semaines, délivre les mineures de l'autorisation parentale et rend l'entretien préalable facultatif. La loi Vallaud-Belkacem de 2014 institue enfin le remboursement par la Sécu, supprime la mention de situation de détresse dans la loi et crée un site officiel de renseignements.

Reste encore et toujours à se battre pour que les politiques budgétaires, qui visent l'hôpital, ne se fassent pas au préjudice du droit à avorter, que les plannings familiaux ne voient pas leurs subventions coupées, et pour soutenir toutes nos sœurs qui se battent pour ce droit ailleurs dans le monde.

JE N'ENFANTERAI PAS

dans la douleur !

Mais quelle est donc, en 1954, cette « maternité où l'on ne crie pas » et dont parlent de plus en plus les journaux ? C'est la polyclinique des Bluets, créée par la CGT en 1937, dans la foulée du grand mouvement social du Front populaire pour offrir un centre de soins de pointe aux ouvriers et à leurs familles. Depuis 1953, son chef de clinique, Fernand Lamaze, y a introduit et perfectionné une méthode d'accouchement sans douleur (ASD). Ce médecin accoucheur l'a découverte, stupéfait, enthousiaste, en URSS, en 1951 : une méthode fondée sur des techniques de relaxation et de respiration inspirées de l'hypnose et de la théorie de Pavlov, et reposant sur la connaissance médicale par les femmes de leur corps et du travail de l'accouchement.

※

Et c'est là une sacrée révolution ! Non seulement car la douleur est atténuée (ajoutez à cela que le taux de césariennes baisse et qu'il y a moins de phlébites car le temps de travail en est diminué), mais aussi car la femme cesse de subir son accouchement. Elle en devient actrice à part entière. Le médecin ne traite plus sa patiente en mineure incapable ; les femmes y gagnent une connaissance médicale qu'on leur refusait avant. Qui plus est, Lamaze a l'idée de faire participer le père aux cours de préparation à l'accouchement, de le faire entrer dans la salle de travail : une démarche qui se révèle être un puissant levier d'égalité ultérieure dans le couple.

Cette révolution culturelle qu'est l'ASD est portée par un mouvement collectif. Certes, pas un mouvement féministe au sens propre, mais un mouvement de femmes, simplement mues par le désir de faire partager leur enthousiasme pour cette façon d'accoucher ; de dire haut et fort que les femmes ont le droit de refuser la douleur de l'accouchement, que chacune peut l'éviter par une action sur son propre corps.

Le PCF dépose en 1953 un projet de loi pour le remboursement par la Sécurité sociale des séances de préparation... Mais, immédiatement, les résistances se dressent : l'Ordre des médecins et la droite conservatrice, peu soucieux de limiter les souffrances des parturientes, sont en revanche préoccupés de combattre tout ce qui viendrait d'URSS et qui serait soutenu par le PCF. Quand ils ne considèrent pas que seule la douleur permet à la femme de vraiment «se réaliser»... La douleur «valorise» la femme, lui apporte «une beauté morale», peut-on lire sous la plume d'éminents professeurs de médecine, lesquels ne semblent guère disposés en outre à partager leur savoir. Lamaze se retrouve devant les tribunaux pour charlatanisme ! Bon, il s'en tire, mais les députés rejettent le projet de loi communiste.

C'était compter sans l'appui inespéré, inédit mais opérant, du pape Pie XII qui, le 8 janvier 1956, coupe l'herbe sous le pied aux conservateurs qui ont beau jeu de s'appuyer sur la Bible. Il n'y a, dit-il devant un parterre de plus de 700 gynécologues, « aucun problème moral » à accoucher sans douleur, le « Tu enfanteras dans la douleur » du texte sacré n'ayant pas valeur d'injonction mais de constat. *Bim !* En 1956, les six séances de préparation sont enfin déclarées remboursables par la Sécu (loi votée en 1956, effective en 1959).

Cette démarche intellectuelle de l'ASD conduit tout naturellement à revendiquer aussi le libre contrôle des naissances. Ce n'est pas le fruit du hasard si la Maternité heureuse (première dénomination du Planning familial) a été fondée en 1956 par des médecins qui avaient activement soutenu Lamaze dès l'origine : Marie-Andrée Lagroua Weill-Hallé, Pierre Simon et Jean Dalsace.

MANIFESTE DES 343, PARU DANS
LE NOUVEL OBSERVATEUR
N° 334 DU 5 AVRIL 1971

Un million de femmes se font avorter chaque année en France.

Elles le font dans des conditions dangereuses en raison de la clandestinité à laquelle elles

Un enfant… si je veux… quand je veux

sont condamnées, alors que cette opération, pratiquée sous contrôle médical, est des plus simples.

On fait le silence sur ces millions de femmes.

Je déclare que je suis l'une d'elles.
Je déclare avoir avorté.

De même que nous réclamons le libre accès aux moyens anticonceptionnels, nous réclamons l'avortement libre.

Avortement

Mot qui semble exprimer et limiter une fois pour toutes le combat féministe. Être féministe, c'est lutter pour l'avortement libre et gratuit.

Avortement

C'est une affaire de bonnes femmes, quelque chose comme la cuisine, les langes, quelque chose de sale. Lutter pour obtenir l'avortement libre et gratuit, cela a l'air dérisoire ou mesquin. Toujours cette odeur d'hôpital ou de nourriture, ou de caca derrière les femmes.

La complexité des émotions liées à la lutte pour l'avortement indique avec précision notre difficulté d'être, le mal que nous avons à nous persuader que cela vaut le coup de se battre pour nous.

Il va de soi que nous n'avons pas comme les autres êtres humains le droit de disposer de notre corps. Pourtant notre ventre nous appartient.

L'avortement libre et gratuit n'est pas le but ultime de la lutte des femmes. Au contraire il ne correspond qu'à l'exigence la plus élémentaire, ce sans quoi le combat politique ne peut même pas commencer. Il est de nécessité vitale que les femmes récupèrent et réintègrent leur corps. Elles sont celles de qui la condition est unique dans l'histoire : les êtres humains qui, dans les sociétés modernes, n'ont pas la libre disposition de leur corps. Jusqu'à présent, seuls les esclaves ont connu cette condition.

Le scandale persiste. Chaque année 1 500 000 femmes vivent dans la honte et le désespoir ; 5 000 d'entre nous meurent. Mais l'ordre moral n'en est pas bousculé. On voudrait crier.

L'avortement libre et gratuit c'est :

– cesser immédiatement d'avoir honte de son corps, être libre et fière dans son corps comme tous ceux qui jusqu'ici en ont eu le plein-emploi ;

– ne plus avoir honte d'être une femme. Un ego qui fout le camp en petits morceaux, c'est ce qu'éprouvent toutes les femmes qui doivent pratiquer un avortement clandestin ;

Un enfant... si je veux... quand je veux 203

– être soi à tout moment, ne plus avoir cette crainte ignoble d'être «prise», prise au piège, d'être double et impuissante avec une espèce de tumeur dans le ventre ;

– un combat enthousiasmant, dans la mesure où, si je le gagne, je commence seulement à m'appartenir en propre et non plus à l'État, à une famille, à un enfant dont je ne veux pas ;

– une étape pour parvenir au contrôle complet de la production des enfants. Les femmes comme tous les autres producteurs ont de fait le droit absolu au contrôle de toutes leurs productions. Ce contrôle implique un changement radical des structures mentales des femmes et un changement non moins radical des structures de la société.

1. Je ferai un enfant si j'en ai envie, nulle pression morale, nulle institution, nul impératif économique ne peut m'y contraindre. Cela est mon pouvoir politique. Comme tout producteur, je peux, en attendant mieux, faire pression sur la société à travers ma production (grève d'enfants).

2. Je ferai un enfant si j'en ai envie et si la société dans laquelle je le fais naître est convenable pour moi, si elle ne fait pas de moi l'esclave de cet enfant, sa nourrice, sa bonne, sa tête de Turc.

3. Je ferai un enfant si j'en ai envie, si la société est convenable pour moi et convenable pour lui, j'en suis responsable, pas de risques de guerres, pas de travail assujetti aux cadences.

Non à la liberté surveillée

La bataille qui s'est engagée autour de l'avortement se passe au-dessus de la tête des principales intéressées, les femmes. La question de savoir si la loi doit être libéralisée, la question de savoir quels sont les cas où l'on peut se permettre l'avortement, en bref la question de l'avortement thérapeutique ne nous intéresse pas parce qu'elle ne nous concerne pas.

L'avortement thérapeutique exige de « bonnes » raisons pour avoir la « permission » d'avorter. En clair cela signifie que nous devons mériter de ne pas avoir d'enfants. Que la décision d'en avoir ou pas ne nous appartient pas plus qu'avant.

Le principe reste qu'il est légitime de forcer les femmes à avoir des enfants.

Une modification de la loi, en permettant des exceptions à ce principe, ne ferait que le renforcer. La plus libérale des lois réglementerait encore l'usage de notre corps. L'usage de notre corps n'a pas à être réglementé. Nous ne voulons pas des tolérances, des bribes de ce que les autres humains ont de naissance : la liberté d'user de leur corps comme ils l'entendent. Nous nous opposons autant à la loi Peyret ou au projet ANEA qu'à la loi actuelle comme nous nous opposerons à toute loi qui prétendra régler d'une façon quelconque notre corps. Nous ne voulons pas une meilleure loi, nous voulons sa suppression pure et simple. Nous ne demandons pas la charité, nous voulons la justice. Nous sommes 27 000 000 rien qu'ici. 27 000 000 de « citoyennes » traitées comme du bétail.

Aux fascistes de tout poil (qu'ils s'avouent comme tels et nous matraquent ou qu'ils s'appellent catholiques, intégristes, démographes, médecins, experts, juristes, « hommes responsables », Debré, Peyret, Lejeune, Pompidou, Chauchard, le pape) nous disons que nous les avons démasqués.

Que nous les appelons les assassins du peuple. Que nous leur interdisons d'employer le terme « respect de la vie » qui est une obscénité dans leur bouche. Que nous sommes 27 000 000. Que nous lutterons jusqu'au bout parce que nous ne voulons rien de plus que notre dû : la libre disposition de notre corps.

Les dix commandements de l'État bourgeois

Fœtus plutôt qu'être humain choisiras quand cet être humain est femelle.

Femme point n'avortera tant que Debré réclamera 100 millions de Français.

100 millions de Français tu auras, tant que ça ne te coûte rien.

Particulièrement sévère seras avec femelles pauvres ne pouvant aller en Angleterre.

Ainsi volant de chômage tu auras pour faire plaisir à tes capitalistes.

Très moraliste tu seras, car Dieu sait ce que «nos» femmes feraient si libres.

Fœtus tu préserveras, car plus intéressant de les tuer à 18 ans, âge de la conscription.

Grand besoin tu en auras car politique impérialiste tu poursuivras.

Toi-même contraception utiliseras, pour envoyer rares enfants à Polytechnique ou l'ENA parce que appartement 10 pièces seulement.

Quant aux autres, pilule dénigreras, car il ne manquerait plus que ça.

#MeToo

Chapitre 10

PÉNIS PARTOUT
justice nulle part

Une affiche. Un visage de femme, marqué d'une cible, entouré de ces mots : « Nous n'avons pas toutes été violées mais qui n'a pas été draguée, insultée dans la rue ou au travail ? Qui n'a pas dû accepter un rapport non désiré avec son ami ou son mari ? Qui ne s'est pas interdit de sortir, de voyager, par peur du viol ? Qui n'a pas été agressée par la publicité et la pornographie qui vendent notre corps ? » De quand date cette affiche à votre avis ? Elle semble terriblement d'actualité, évoquant la déferlante de #MeToo, en 2017 ; la publicisation, à la face du monde, des affronts, des violences sexuelles dont les femmes sont victimes. Pourtant elle date d'un meeting à la Maison de la Mutualité, à Paris, le 26 juin 1976, quand les féministes posaient sur la scène publique la question du viol, de son traitement (de son « maltraitement » !) par la justice.

Les violences faites aux femmes, et notamment les violences sexuelles, ont mis très longtemps à être reconnues, judiciarisées – des siècles d'impunité qui, même si les lois ont tardivement changé, pèsent lourdement de nos jours. Pour autant, il ne faudrait pas non plus imaginer que les juges n'ont rien fait. C'était peu, évidemment insuffisant, toujours à refaire. Reste que si, parfois, la justice a bougé, c'est parce que les femmes s'en sont saisies. Parce que l'une des formes d'*empowerment* des femmes a été de se porter courageusement devant les tribunaux, d'y traîner leurs agresseurs, leurs violeurs. Et n'oublions pas que, si toutes les femmes sont concernées, les victimes les plus fragiles sont toujours celles qui sont considérées comme n'ayant pas de valeur sociale, ou qui sont agressées par un homme qui en a plus qu'elles. Les femmes des classes populaires, ainsi que les lesbiennes, bisexuelles et transsexuelles, les femmes racisées et les prostituées sont les plus victimes de violences et, surtout, les plus maltraitées par la justice.

> Notre silence ne nous protégera pas.
> Audre Lorde, professeure et écrivaine

Sous l'Ancien Régime, le viol (que l'on appelle alors « rapt » ou « violement ») est considéré comme un crime, mais sa définition reste floue. Dans les textes, les discours, il est fortement condamné. Dans les faits, il n'est pratiquement jamais puni… Et ce qui est surtout condamnable est le fait que le viol est considéré comme attentatoire à l'honneur d'une femme. D'où le fait que l'on punit plus sévèrement le viol d'une vierge. D'où le fait aussi que l'on se préoccupe peu du viol des femmes des classes populaires, puisque l'honneur est une valeur nobiliaire, ou que l'on se penche sur la « respectabilité » de la femme violée. Si elle n'est pas considérée comme « respectable » (ce que le violeur aura beau jeu d'arguer pour se défendre), alors son honneur n'est pas mis en cause puisqu'elle n'en a pas, et donc on s'en tape... Cela se retrouve encore de nos jours dans les interrogations judiciaires, médiatiques, sur la «moralité» d'une victime de viol – traduisez sa sexualité, ou la longueur de sa jupe, ou la difficulté pour beaucoup à concevoir qu'une prostituée puisse être victime de viol. Le viol d'une femme mariée est de toute façon examiné, sous l'Ancien Régime, comme une atteinte à l'honneur du mari avant tout, ou du père, bien plus que de la victime.

Dans le même temps, la France est le pays du libertinage. Les scènes les plus scabreuses, les viols, se décrivent en termes galants ou érotiques, imprégnés du champ lexical de la guerre ou de la chasse; une séduction «à la française», dont Choderlos de Laclos ou Casanova ont laissé de terribles pages, Fragonard de terribles toiles, et qui pèse encore fortement.

> Asservies, humiliées, les femmes,
> Achetées, vendues, violées.
> *Hymne des femmes*, 1971

Dans le Code pénal napoléonien de 1810, le viol est considéré comme un crime, mais reste mal défini («attentat à la pudeur attenté *avec violence*»), puni de cinq à dix ans de réclusion. Une femme violée doit donc toujours faire la preuve de sa résistance, des violences subies, sinon ce n'est considéré que comme un simple délit d'attentat à la pudeur. Le Code permet cependant aussi de poursuivre les tentatives de viol:

c'est d'ailleurs le cas de la majorité des plaintes, tout au long du XIXᵉ siècle, car les femmes ayant échappé au viol, et dont (selon les conceptions de l'époque) l'honneur est sauf, ont moins peur de se pourvoir devant les tribunaux que celles qui ont été violées et qui en portent, en plus du traumatisme, la honte que leur construit la société. La loi reconnaît enfin des circonstances aggravantes si la victime a moins de quinze ans (traduisez vierge), si le violeur a une autorité sur la victime (fonctionnaire ou ministre d'un culte) ou pour les viols en réunion. Alors on risque les travaux forcés.

Il faut savoir qu'à l'époque on ne pense pas qu'une femme adulte puisse être vraiment violée par un seul homme. On n'envisage aucunement la contrainte, la menace ou les phénomènes de sidération des victimes. En 1857, une enquête médico-légale, tout ce qui semble de plus sérieux donc, expose qu'une femme « doit pouvoir empêcher un viol par des mouvements énergiques du bassin »; ce qui est régulièrement reformulé par différentes autorités médicales jusqu'au début du XXᵉ siècle. Aussi considère-t-on que la femme adulte violée par un homme seul a, d'une façon ou d'une autre, « cédé »; ce qui est alors confondu avec « consenti ».

Les femmes ne désarment pas et, pour une minorité des victimes certes, traînent en justice leur violeur, obligeant, petit à petit, de tribunaux en recours en cassation, les juristes à se poser la question du consentement – d'abord pour les enfants (le défaut de consentement d'un enfant est reconnu en 1832), puis pour toutes les femmes. En 1857, la Cour de cassation est ainsi saisie d'une affaire: un homme s'est introduit dans le lit d'une femme qui, pensant qu'il s'agissait de son mari, a consenti à un rapport sexuel. Découvrant la forfaiture, elle le poursuit pour viol par surprise. Le tribunal ne la suit pas, elle se pourvoit en cassation. La Cour lui donne raison et rédige alors l'arrêt Dubas, offrant la première définition juridique du viol : « Le crime de viol consiste dans le fait d'abuser une personne contre sa volonté, soit que le *défaut de consentement résulte de la violence physique ou morale exercée à son égard, soit qu'il résulte de tout autre moyen de contrainte ou de surprise* pour atteindre, en dehors de la *volonté* de la victime, le but que se propose l'auteur de l'action. » Les jurisprudences suivantes énumèrent les cas où la violence n'est pas nécessaire pour qualifier le viol : victime inconsciente, évanouie, droguée, sous hypnose.

Reste que, tout au long du XXᵉ siècle, le viol est quasi systématiquement requalifié en « attentat à la pudeur » ; soit un délit jugé en correctionnelle, entre deux vols à l'étalage. Seuls les viols suivis d'assassinats sont jugés comme crimes. Reconnaissons toutefois que cette « correctionnalisation » pouvait aussi être une stratégie des avocates pour protéger les victimes, pour que ce soit jugé plus vite, à huis clos, et parce qu'il y avait moins d'acquittements de la part de magistrats professionnels. La qualification comme crime ouvrait sur les assises, publiques, impliquait une longue et douloureuse procédure, des jurys majoritairement masculins et enclins à croire les arguments classiques des violeurs et de leurs avocats, qui finissaient par faire des victimes les coupables – elles qui « l'avaient bien cherché » ou avaient en réalité « consenti ».

> CE NE SONT PAS NOS JUPES QUI SONT TROP COURTES MAIS VOS MENTALITÉS.
>
> Pancarte, France, 24 novembre 2019

La société hésite, non sans contradiction, entre une représentation horrifique du viol, alors pensé comme une exception (acte d'un fou dangereux), et une désinvolture face à la réalité du viol, tout en entretenant la culpabilisation des victimes et la déresponsabilisation des violeurs. En témoigne la chanson populaire. En 1964, France Gall n'a que seize ans, et Pierre Cour lui fait chanter : « Moi, je vous le dis / Qui connais les filles / Quand elles disent non / Plus elles disent non / Plus ça veut dire oui / Ho oui » (*Si j'étais garçon*). En 1973, Michel Sardou chante : « J'ai envie de violer des femmes, de les forcer à m'admirer, / Envie de boire toutes leurs larmes et de disparaître en fumée » (*Les Villes de grande solitude*).

QUAND UNE FEMME
dit non, c'est non !

Tout change au milieu des années 1970. Enfin ! Les Féministes radicales de New York s'emparent les premières de la question, organisent les premiers *speak-out* où des femmes s'expriment publiquement, manifestent pour demander la révision des lois sur le viol et produisent les premiers textes théoriques sur la culture du viol (*rape culture*) – soit la façon dont une société se représente le viol et, ce faisant, l'entretient ; comment elle culpabilise les victimes et déresponsabilise les violeurs. Elles dénoncent les viols, le silence sur les viols, le traitement juridique des viols, mais, plus encore, montrent que la culture du viol sert à inculquer la peur aux femmes, à limiter leur marge d'action (sortir, voyager), leur liberté.

À l'été 1974, deux jeunes touristes belges, Anne Tonglet et Araceli Castellano, sont violées dans les calanques de Cassis. Viol en réunion. Trois hommes. Cinq heures durant. Les trois hommes accusés, défendus par Gilbert Collard, sont renvoyés à l'automne 1975 en correctionnelle pour « coups et blessures n'ayant pas entraîné une interruption de travail supérieure à huit jours », après une instruction bâclée et à charge, avec un réquisitoire ignoble du procureur de la République évoquant l'homosexualité des jeunes femmes, leur goût pour le naturisme. Les deux femmes vont alors engager Gisèle Halimi, de l'association Choisir la cause des femmes, pour les défendre, ainsi que deux de ses collègues, Anne-Marie Krywin et Marie-Thérèse Cuvelier. On se rappellera que Halimi a été la première à «publiciser» le viol de Djamila Boupacha, pendant la guerre d'Algérie.

Soutenues par une mobilisation féministe importante, les avocates obtiennent que le tribunal correctionnel se déclare incompétent, le 15 octobre 1975, et que le véritable procès ait lieu en cour d'assises, en public. S'ensuivent en 1976 le «Manifeste contre le viol», le meeting des «Dix heures contre le viol» organisé le 26 juin 1976 à la Mutualité, à Paris, autour du slogan «Ras le viol», puis une manifestation de nuit, le 4 mars 1978: «Femmes, prenons la ville!» En octobre 1977, *Les Dossiers de l'écran* consacrent une émission au viol. Le standard reçoit un nombre considérable d'appels de femmes, qui osent prendre la parole face aux téléspectateurs. D'autres avocates suivent la stratégie de Gisèle Halimi et commencent à réclamer des assises publiques pour des affaires de viol. Le premier procès de la sorte se tient aux assises de Moselle, début décembre 1976. La salle d'audience, dont l'accès avait été interdit aux moins de dix-huit ans, est comble. Mais il reste peu médiatisé.

Le procès des calanques, à Aix-en-Provence, les 2 et 3 mai 1978, a conduit la société à se confronter à la question du viol, en l'obligeant à entendre la parole (auparavant inaudible) des femmes qui en sont victimes. Le procès est terrible. À l'extérieur du tribunal, le père de l'un des violeurs tente d'acheter le retrait de la plainte contre un million de francs. Le combat a un prix : Anne Tonglet, professeure, est mise à pied et manque d'être renvoyée de l'Éducation nationale belge pour avoir « fait du tort à la réputation des écoles de Bruxelles » en « donnant trop de publicité à l'affaire ». À chaque fin d'audience, l'avocate et les plaignantes se font insulter, cracher dessus. Un soutien sans faille des associations féministes les encourage cependant au tribunal. Ces dernières sont aussi citées à la barre par Me Halimi, qui fait de ce procès celui de la façon dont la justice et la société favorisent la culture du viol. Et le réquisitoire tombe, implacable : entre quatre et six ans de prison ferme selon les prévenus.

La lutte continue ensuite pour modifier le Code pénal. En décembre 1980, une loi définit (enfin !) exactement le viol : « Tout acte de pénétration sexuelle, de quelque nature qu'il soit, commis sur la personne d'autrui par violence, contrainte ou surprise. » Cette révision, qui ouvre aussi la reconnaissance du viol sur un homme, en fait un crime punissable de quinze ans de prison. Et l'adoption de la loi a encouragé les victimes à porter plainte, même si elles restent encore de nos jours une minorité (autour de 10 %) à le faire.

POUR QUE LA PEUR
change de camp

La loi de 1980 est plus un point de départ qu'une fin. Presque tout reste à faire ! Soutenir les victimes pour qu'elles portent plainte. Batailler pour que les affaires ne soient pas classées sans suite (en 2012, 75 % des affaires de viol l'ont été), ou ne se concluent sur des acquittements. Batailler encore contre la correctionnalisation du viol : de nos jours, 60 à 80 % des affaires de viol restent correctionnalisées en dépit de la loi de 1980. Faire reconnaître le viol conjugal (voir ci-après, p. 220). Lutter, encore et toujours, contre la culture du viol. Faire reconnaître tout le continuum de représentations, de harcèlements, d'agressions sexuelles qui conduit au viol (le harcèlement sexuel n'entre dans le Code pénal qu'en 2012, l'atteinte sexuelle en 2013). En 1985, le Planning familial, le mouvement Jeunes Femmes et la Maison des femmes se rassemblent pour créer le Collectif féministe contre le viol, qui, en 1989, devient une association pour pouvoir se constituer partie civile. Des campagnes de sensibilisation sont régulièrement organisées. On pourra évoquer celle d'Osez le féminisme, en 2010, derrière le slogan « Pour que la peur change de camp ». En 2012, jouant de la référence au « Manifeste des 343 » dans le cadre de la lutte pour le droit à l'IVG, *Le Nouvel Observateur* publie le « Manifeste des 313 », qui déclarent avoir été violées. Les femmes se mobilisent aussi contre le harcèlement de rue. Les affaires DSK (2011) et surtout Weinstein (2017) remettent la question des violences sexuelles sur le devant de la scène. Elles montrent déjà que les crimes sexuels commis dans les classes sociales les plus élevées échappent totalement à la justice, voire à l'opprobre, et permettent une intense prise de parole, et, surtout, une obligation d'écoute de la banalité du viol.

> Je rêve d'une France où les femmes qui parlent de viol sont plus écoutées que les hommes qui parlent de voile.
>
> Pancarte, France, 24 novembre 2019

Pourtant, le 28 février 2020, Roman Polanski obtient le César du meilleur réalisateur pour son film *J'accuse*, alors que des accusations de viol pèsent sur lui. Adèle Haenel, elle-même victime d'agression sexuelle, quitte la salle avec Noémie Merlant et Céline Sciamma, l'équipe du film qu'elle vient défendre, *Portrait de la jeune fille en feu*, et rejoint les féministes présentes devant la salle Pleyel, à Paris. La honte. La colère. Et le 6 juillet 2020, c'est un homme sous le coup de plusieurs accusations de viol qui est nommé ministre de l'Intérieur. «La culture du viol est en marche», collent les féministes sur les murs des villes, «Ministère de la honte», «Gouvernées par la culture du viol» peut-on lire sur les pancartes des nombreux rassemblements.

VIOL CONJUGAL
viol légal

« Un mari qui se servirait de la force à l'égard de sa femme ne commettrait point le crime de viol et la même décision devrait être prise même en cas de séparation de corps. » Voilà. Viol conjugal, viol légal. Noir sur blanc. Dans une révision du Code pénal, en 1832...

Si les législateurs ont jugé bon de préciser, c'est bien que la question se posait... Il faut dire que, depuis des siècles, en vertu de la conception catholique du mariage, on considère que la femme a un « devoir conjugal » envers son mari. Or, on retrouve l'idée (mais pas le mot) de devoir conjugal dans la première rédaction des codes civil et pénal, en 1804 et 1810. De toute façon, dans le Code napoléonien de 1804, la femme doit obéissance à son mari. Elle ne saurait donc refuser un rapport sexuel. Pourtant, l'Église condamne les maris qui forcent leur femme à des pratiques sexuelles comme la sodomie, la fellation ou le coït interrompu, reconnaissant comme légitime le refus de consentement. Mais ce qui lui pose alors problème est que ces pratiques ne sont pas reproductrices, pas qu'il n'y ait pas de consentement.

Ce qui n'aide pas à la prise de conscience par les juges ou l'opinion publique du viol conjugal est le fait que, de façon générale, les violences conjugales sont peu définies au XIXe siècle (et pendant une bonne partie du XXe siècle) et donc peu poursuivies par la justice, mais aussi que le viol est également mal défini et peu poursuivi, comme nous venons de le voir. Longtemps, les tribunaux refusent de se prononcer sur les questions de violences conjugales, se récusant au motif que ce sont là «des affaires privées», hors de leur champ de «compétence». Alors, sur les violences sexuelles conjugales, vous imaginez…

> RANGE TA BITE ET TON COUTEAU,
> J'SORS MA CHATTE ET MON MARTEAU !
>
> Graffiti, France, 2020

C'est dans la littérature que l'on peut trouver la trace de la prise en considération du viol conjugal. La nouvelle de Balzac, *Honorine*, censurée à sa parution dans la presse, raconte l'histoire d'une femme qui fuit le domicile conjugal parce qu'elle ne supporte pas les relations sexuelles imposées par son mari (alors qu'avec son amant, c'est «l'ivresse et la joie»). Ce même Balzac qui écrit dans sa *Physiologie du mariage*: «Ne commencez jamais un mariage par un viol.» Ce traumatisme du premier viol conjugal revient aussi souvent chez Guy de Maupassant. Il rapporte ainsi, dans *Une vie*, une terrible nuit de noces: «Elle ne remuait pas, raidie dans une horrible anxiété, sentant une main forte qui cherchait sa poitrine cachée entre ses coudes. Elle haletait bouleversée sous cet attouchement brutal ; et elle avait surtout envie de se sauver, de courir par la maison, de s'enfermer quelque part, loin de cet homme. Mais une souffrance aiguë la déchira soudain ; et elle se mit à gémir, tordue dans ses bras, pendant qu'il la possédait violemment. »

Mais la jurisprudence tâtonne, incohérente, contradictoire. En 1839, saisie sur une affaire de viol conjugal, la Cour de cassation rend l'avis suivant : « La situation de mariage n'implique pas la fin de la protection du conjoint par la loi. » Mais, en 1910, cette même Cour est saisie d'une autre affaire, sordide : un homme marié a eu des rapports sexuels avec violence avec son épouse, tenue par son frère, et en présence de leurs enfants. Condamné, il se pourvoit donc. Et la Cour de rendre cet avis : « L'acte du prévenu ne saurait être qualifié d'attentat à la pudeur avec violence [...] ; qu'en effet, *la pudeur de la femme mariée ne saurait être offensée par un acte qui est des fins légitimes du mariage* », seules les « circonstances » étant « de nature à porter une grave atteinte à la pudeur de la victime ».

La loi de 1980 sur le viol permet enfin de faire avancer les choses, même s'il faut attendre encore douze ans pour que la Cour de cassation admette que « la présomption de consentement des époux aux actes sexuels accomplis dans l'intimité de la vie conjugale ne vaut que jusqu'à preuve du contraire » (ce qui ne rentre dans la loi qu'en 2006), et qu'une nouvelle rédaction du Code pénal reconnaisse que l'existence de relations intimes antérieures entre l'auteur du viol et la victime constitue même une circonstance aggravante – laquelle permettra de punir encore plus sévèrement l'auteur. Ainsi, alors que la peine maximale encourue pour un viol est de quinze ans, le mari (ou ex-mari) violeur peut encourir jusqu'à vingt ans. Mais il reste pourtant toujours difficile de porter ces affaires devant la justice.

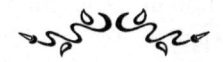

MANIFESTE CONTRE LE VIOL, *LIBÉRATION*, LE 16 JUIN 1976

1. Le viol n'est pas une fable.

C'est la réalité quotidienne des femmes dans la rue, dans leurs maisons, à leur travail, le jour, la nuit. Même quand nous échappons à la réalité multiforme du viol, nous n'échappons pas à la peur que nous avons apprise dès notre enfance et que notre expérience ne fait que renforcer.

2. Le viol n'est pas un hasard.

C'est l'expression de la violence permanente faite aux femmes par une société patriarcale. Tout homme est un violeur en puissance. Nous sommes sans cesse en butte aux agressions sexuelles manifestes ou déguisées. La chasse aux femmes est ouverte toute l'année 24 h / 24.

3. Le viol n'est pas puni en tant que crime contre les femmes.

La loi dit : le viol est un crime. Dans les faits, il n'est jamais reconnu comme un crime contre une femme. Il est parfois reconnu comme un crime contre le propriétaire de la femme. L'accès des hommes au corps des femmes est pour chaque homme un droit qui n'est limité que par la propriété exercée par un autre homme sur une femme. La femme qui n'a pas de propriétaire est la propriété de tous.

4. Le viol n'est pas une loi de la nature.

Il est l'acte physique et culturel sur lequel est fondée la société patriarcale qui ne pouvait vivre sans l'appropriation et l'exploitation du corps des femmes, de leurs forces de production et de reproduction. Poussé par la nécessité de légitimer cette appropriation, le patriarcat a produit le mythe imbécile d'une sexualité masculine « irrépressible », « incontrôlable », « irrésistible », « urgentissime » ; en un mot, « virile ».

5. Le viol n'est ni un désir ni un plaisir pour les femmes.

Quand une femme dit non, ce n'est pas oui, c'est non. L'impérialisme de la sexualité masculine cherche à se justifier en fabriquant une sexualité féminine passive, masochiste, entièrement soumise aux initiatives des hommes ; ce qui permet de persuader tous les hommes (et même certaines d'entre nous) que le viol peut être « recherché », « provoqué », « consenti » et, pourquoi pas, source de jouissance. Autrement dit, qu'un viol n'est pas un viol.

6. Le viol n'est pas un destin.

Nous en avons assez d'être violées et d'avoir peur de l'être. À droite comme à gauche, ils s'accordent pour justifier le viol. À droite, ils nous disent que le viol est le fait de psychopathes, d'immigrés, d'alcooliques, d'anormaux, d'obsédés sexuels. À gauche, ils nous disent que le viol est le résultat de la misère sexuelle et qu'il faut nous laisser violer au nom de la lutte contre le capital. Nous ne nous laissons plus culpabiliser, nous n'avons plus honte de dénoncer le viol et de lutter contre les violeurs. Nous refusons qu'une femme victime d'un viol soit transformée en accusée par la justice. Nous savons maintenant que la lutte contre la violence patriarcale est irréversible, que des femmes de plus en plus nombreuses commencent à chercher, à inventer des alternatives aux seuls modèles de relations que les hommes proposent : ceux du VIOL. »

MLF

« DOUCE MAISON », ANNE SYLVESTRE, 1978

L'année du procès des calanques, Anne Sylvestre compose et interprète *Douce Maison* (BC Musique). Avec une grande subtilité et avec justesse, la chanteuse utilise une métaphore filée pour évoquer un viol, ainsi que la manière dont sont alors souvent perçues les victimes. À l'écoute de la chanson, on croit d'abord avoir affaire à une histoire d'effraction et de dégradation de biens. Au fil des couplets cependant, on comprend que la « douce maison » est en fait une jeune femme victime d'un viol en réunion.

C'était une maison douce, une maison de bon aloi.
Juste ce qu'il faut de mousse répartie aux bons endroits,
Assez de murs pour connaître une chaleur bien à soi
Et ce qu'il faut de fenêtres pour regarder sans effroi.

(Refrain)
Non, non, je n'invente pas,
Mais je raconte tout droit.

Elle ouvrait parfois sa porte à ceux qu'elle choisissait.
La serrure n'est pas forte, maison, tu n'as pas de clé,

Mais avec sa confiance jamais elle ne pensa
Qu'on pût user de violence pour pénétrer sous
  son toit.

Advint qu'un jour de malchance une bande
  s'approcha.
On sonne à la porte, on lance des coups de
  pied çà et là.
À plusieurs, on s'encourage, on prétend qu'elle
  ouvrira,
Et commence le saccage, la porte on l'enfon-
  cera.

Sauvagement ils pénètrent, dévastant tout
  devant eux.
Ils obligent les fenêtres à s'ouvrir devant le feu.
Avec leurs couteaux ils gravent des insultes sur
  les murs,
Et s'en vont faisant les braves quand tout n'est
  plus que blessure.

La maison, depuis ce crime, n'a plus d'âme ni
  de nom,
Mais elle n'est pas victime, c'est de sa faute,
  dit-on.
Il paraît qu'elle a fait preuve d'un peu de
  coquetterie
Avec sa toiture neuve et son jardin bien fleuri.

D'ailleurs, une maison sage ne reste pas isolée :
Celles qui sont au village se font toujours
  respecter.

Quand on n'a pas de serrure, il faut avoir un gardien.
C'est chercher les aventures que de fleurir son jardin.

Si vous passez par la route et si vous avez du cœur,
Vous en pleurerez sans doute, c'est l'image du malheur.
Mais rien, pas même vos larmes, ne lui portera secours.
Elle est loin de ses alarmes, elle est fermée pour toujours.

Si j'ai raconté l'histoire de la maison violentée,
C'est pas pour qu'on puisse croire qu'il suffit de s'indigner.
Il faut que cela s'arrête, on doit pouvoir vivre en paix,
Même en ouvrant sa fenêtre, même en n'ayant pas de clé.

(Refrain)
Non, non, je n'invente pas.
Moi, je dis ce que je dois.

Chapitre 11
NOTRE CORPS, NOUS-MÊMES !

NE ME TOUCHE PAS,

je m'en charge !

Les premiers mouvements d'émancipation des femmes, du XIXe siècle au milieu du XXe, se sont concentrés sur les femmes en tant que personnes sociales, sur leurs droits au vote, au travail, à l'éducation. Avec le féminisme des années 1970, et plus encore par la suite, les débats se déplacent de la femme sociale à la femme physique, incarnée, et abordent donc la contraception, le droit à l'avortement, mais aussi les règles, la ménopause, le plaisir, les poils… C'est dans ce contexte qu'est publié en 1971 aux États-Unis *Our Bodies, Ourselves* (*Notre corps, nous-mêmes*) : un ouvrage pédagogique sur la santé et la sexualité, comprenant 18 sections (anatomie, physiologie, sexualités hétéro et lesbienne, alimentation, sport, violences sexuelles, contraception, avortement, grossesse, accouchement, post-partum, ménopause, problèmes de santé gynécologiques et traitements alternatifs), écrit par et pour les femmes. Il est traduit en 1977, en France.

C'est un corps de femme nouvelle génération qui s'affirme dès lors : un corps sain quand, historiquement, la médecine formatée par les hommes repose sur une conception antique du corps féminin – malade, défaillant, voire dangereux ; un corps qui n'accepte plus de souffrir ; des corps variés, alors que l'on a toujours cherché à imposer des normes esthétiques uniques et contraignantes ; des corps qui s'assument dans leur diversité, en refusant d'être livrés en permanence à l'évaluation des hommes ; un corps désirant, qui prend du plaisir. Et, surtout, l'affirmation que le corps est politique, au cœur d'un rapport de force permanent, et qu'il est donc un terrain sur lequel mener des luttes de femmes.

Alors, certes, on peut trouver des textes avant-gardistes sur ces questions, comme les écrits de Madeleine Pelletier au début du XXe siècle sur la contraception, l'avortement, le plaisir féminin ou l'éducation sexuelle des jeunes filles. Mais ils restent isolés. En franchissant la barrière de l'intime, et ce de plus en plus depuis les années 1970, les féministes prennent aussi de front l'ultime mais aussi premier bastion de la domination masculine : le corps féminin dans sa dimension génitale. Difficile alors d'être exhaustive, mais retenons quelques combats emblématiques.

BOIS MES RÈGLES

Production corporelle pour le moins têtue, les règles restent une expérience banale, universelle, mais qui, longtemps, a échappé à toutes considération et représentation autres que négatives. Ainsi (et encore de nos jours, dans certains pays), les règles ont été perçues sous l'angle du pathologique et non du physiologique, nourrissant nombre de tabous, dégoûts, préjugés et superstitions. Sans parler du fait qu'il faut attendre le XIXe siècle pour que les médecins comprennent le fonctionnement de l'ovulation, et donc le rôle des règles ! Avant cela, les médecins (des hommes) non seulement n'y comprennent rien mais, en plus, jouent le rôle de gardiens du genre, s'employant plus à démontrer les superstitions populaires qu'à les infirmer.

> NOS RÈGLES, ILS S'EN TAMPONNENT !
> Slogan, Paris, octobre 2017

En gros, s'agissant des règles, ça ne va ja-mais ! Une femme réglée : beurk, danger. Une femme sans règles, horreur, malheur ! Héritage de la médecine hippocratique et de la théorie des humeurs, les règles sont, des siècles durant, expliquées comme le moyen d'évacuer un trop-plein de sang – pire, de sang vicié (du fait de sa couleur sombre). Résultat, avoir ses règles est un signe d'équilibre du corps de la femme. Qui plus est, sans vraiment comprendre ni pourquoi ni comment, les médecins ont bien fait le lien entre règles et fertilité : la femme réglée est donc perçue comme une femme fécondable, ce qui est bien connoté. Voici qui est assez positif, pensez-vous. Oui, mais n'allons pas trop vite en besogne…

Comme on pense que c'est du sang vicié qui s'écoule, les règles, c'est sale et impur. Pire : dangereux. « Aux approches d'une femme dans cet état, les liqueurs s'aigrissent, les grains qu'elle touche perdent leur fécondité, les essaims d'abeilles meurent, le cuivre et le fer rouillent sur-le-champ et prennent une odeur repoussante […] », écrit Pline l'Ancien. Vous me direz, c'est l'Antiquité… Mais ces croyances ont perduré et perdurent parfois encore. On a longtemps dit que les femmes réglées font tourner la mayonnaise, louper les salaisons. Jusqu'à la fin du XIXe siècle, dans le nord de la France, les femmes menstruées n'ont pas le droit d'entrer dans les raffineries au moment de l'ébullition et du refroidissement du sucre, de crainte qu'elles ne le fassent noircir. Il arrive aussi, *a contrario*, que l'on utilise les propriétés « néfastes » de la femme réglée contre les chenilles, en Anjou, ou les sauterelles, dans le Morvan. La sorcière n'est pas bien loin, ici ! Les relations sexuelles au moment de la menstruation sont bien entendu interdites. Censé avoir été conçu durant les règles de sa mère, l'enfant roux subit l'opprobre lié à la transgression de cet interdit. « Avoir ses ragnanas » reste une expression péjorative, balancée à la tête des femmes, dès qu'on les trouve désagréables – entendez, souvent, quand elles sont juste en désaccord avec leur interlocuteur.

Mais l'absence de règles, les pubertés tardives ou les aménorrhées inquiètent aussi, car la fertilité est en jeu. En 1835, par exemple, dans son *Dictionnaire de médecine pratique*, Fernand Martin-Solon recommande de hâter l'apparition des règles par la pose de sangsues à la vulve et à l'anus. Si les symptômes persistent, la saignée s'impose alors. Évidemment, la ménopause vous envoyait dans la case «bonne pour la casse». Ça n'a que peu changé, notez…

―⁂―

Reste la grossesse. Pour faire coïncider les représentations négatives sur les règles (évacuation du mauvais sang) et positives sur la grossesse, on pense que le sang se purifie en devenant… du lait (on parle de «sang blanchi»)! Ce qui n'est qu'impureté et menace devient, avec la grossesse et l'enfantement, source de vie. Et les femmes d'être ramenées à leur rôle éternel.

En attendant, on ne se préoccupe guère du confort des femmes pendant les règles. Les protections de l'Antiquité, ancêtres des tampons et des serviettes, disparaissent ensuite : les tampons, car l'Église ne peut envisager qu'on mette une protection dans le vagin (le stupre n'est jamais loin dans l'esprit ecclésiastique); les serviettes, car on pense qu'il ne faut pas empêcher le mauvais sang de couler.

Fort heureusement, avec la compréhension du phénomène de l'ovulation, puis, surtout, en 1924, avec la découverte majeure du gynécologue japonais Kyusaku Ogino, qui précise la date d'ovulation entre les douzième et seizième jours après le début des règles (d'où le nom de la méthode Ogino), les théories du « mauvais sang » tendent à disparaître. Mais pas l'idée de saleté. Les protections deviennent plus confortables, même si on a longtemps cru qu'un tampon pouvait faire perdre sa virginité... Reste que l'important est de bien cacher ce sang que l'on ne saurait voir, sans se préoccuper de la toxicité de nombre de ses composants. Un sang que l'on se garde même de figurer dans les publicités qui, encore aujourd'hui, persistent parfois à verser un liquide bleu (et non rouge) sur les serviettes hygiéniques dont elles vantent le pouvoir d'absorption ! Ajoutez à ça le prix de ces protections considérées comme des produits de beauté, et donc assorti d'une TVA à 20 % (jusqu'en 2016).

Les combats féministes ont d'abord visé à briser le tabou des règles, à assumer d'en parler publiquement. L'emblématique journal féministe des années 1970, *Le torchon brûle*, édité par le MLF et qui connaît six numéros entre mai 1971 et juin 1973, était d'ailleurs présenté comme « journal menstruel » – allusion aux règles et indication d'une parution irrégulière. Depuis les années 1970, et surtout depuis une décennie, les féministes n'ont cessé de batailler. Ce sont les associations féministes qui, en 2016, font plier le secrétaire d'État au Budget pour abaisser la « taxe tampon » (TVA) de 20 % à 5,5 % (comme tout produit de première nécessité) et qui aujourd'hui réclament 2,1 %. Ce sont elles qui se battent pour l'accès gratuit aux protections périodiques pour les femmes incarcérées, sans domicile fixe ou en situation de précarité, pour des distributeurs dans les lycées et les lieux publics, pour une sensibilisation sur le caractère normal des règles dès le plus jeune âge, pour la transparence sur la composition des tampons et serviettes, pour plus de recherches et d'informations sur les infections et les maladies liées aux règles. La coupe menstruelle est défendue comme alternative écologique, économique, et comme moins toxique que les tampons et serviettes, devenant bientôt un des symboles du féminisme contemporain.

> LA CUP EST PLEINE.
> Slogan, France, 2020

La question de la douleur est aussi portée par les femmes en lutte. L'endométriose, une maladie dont souffrent 180 millions de femmes (2 à 4 millions en France), qui occasionne des douleurs sévères, parfois invalidantes, et peut causer la stérilité, a été découverte en 1860. Mais on ne peut pas dire que cela ait suscité de plus amples recherches par la suite, puisqu'il faut attendre les années 2010 pour que l'on relance timidement des travaux… En attendant, on dit des femmes qu'elles sont douillettes, qu'elles doivent serrer les dents. Les associations féministes appellent à développer la recherche, les essais cliniques, le dépistage et la communication.

Un combat qui interroge le rapport de la société à la santé et aux douleurs des femmes, et montre le poids des constructions masculines de la médecine.

« Si l'endométriose avait été une maladie d'homme, on aurait déjà un vaccin », disait la mannequin Imany, elle-même atteinte de cette maladie.

Les règles sont devenues un symbole des luttes féministes et la peinture rouge est souvent utilisée durant leurs actions ou manifestations. Elle porte en elle une double signification : le sang représente la violence patriarcale dont sont victimes les femmes, mais également les règles.

> POUR LE SANG ET LA DOULEUR,
> ON A DÉJÀ NOS RÈGLES.
>
> Slogan, France, 23 novembre 2019

Il s'agit aussi de renverser la prétendue faiblesse en force. Dans une société où le « foutre » masculin est dans le langage commun, il est tout naturel que les menstrues affirment leur droit de cité. « Bois mes règles » (version féministe de « Mange tes morts ») devient un slogan récurrent ; une façon de dire au patriarcat : « Lâchez-nous la chatte ! »

UTÉRUS, VAGIN, CLITORIS

même combat !

Ce que nous venons de détailler sur les règles se retrouve pour les parties génitales féminines. Utérus, vagin, clitoris ont été successivement dégradés, invisibilisés, puis réaffirmés, voire brandis comme autant de symboles par les féministes.

Commençons par le livre noir, le triste florilège des dévaluations. « Dieu a créé l'utérus, toujours infesté de mille microbes, miasmes et infections pour bien montrer en quelle piètre estime il tenait la femme », écrivait au XVIe siècle Jean de Valette (aussi appelé Jean La Valette), grand maître des hospitaliers de l'ordre de Saint-Jean de Jérusalem. La « matrice », comme on l'appelle, est certes valorisée (car elle porte l'enfant) mais aussi utilisée par les médecins pour « démontrer » la fragilité de la femme. On imagine depuis l'Antiquité des utérus baladeurs qui rendraient les femmes « hystériques » ! « L'utérus a sa propre sensibilité qui échappe à la volonté de la femme : on le dit un animal parce qu'il se dilate, se raccourcit plus ou moins, selon la diversité des causes, et quelquefois même, il frétille et bouge, faisant perdre patience et toute raison à la pauvre femme », écrivait Ambroise Paré.

Le clitoris aussi a eu quelques moments de reconnaissance. On le connaît dès l'Antiquité, on le dissèque et le nomme à la Renaissance. Mais on ne l'envisage que comme un pénis à l'envers, genre un peu loupé. Comme on pense cependant qu'il joue un rôle dans la fécondation, on encourage, du Moyen Âge à l'époque moderne, la stimulation du clitoris pendant le coït. Mais, catastrophe, on découvre au XIXe siècle que le pauvre clito ne joue aucun autre rôle que celui de donner du plaisir. Aussi s'en désintéresse-t-on et il disparaît des traités anatomiques, et même du dictionnaire ! La masturbation devient bientôt l'objet de toutes les critiques – ce qui est vrai aussi, notons bien, de la masturbation masculine. La masturbation féminine rend folle, dit-on (déjà que, vous l'aurez saisi, on pense que tout rend la femme folle, à l'exception de faire la cuisine et de torcher les enfants). La clitoridectomie (l'excision) se pratique dès lors dans de nombreux cabinets de médecin, au XIXe siècle, comme remède ou traitement préventif à la nymphomanie ou à l'hystérie. Freud et son obsession pour le plaisir vaginal n'ont pas contribué, non plus, à redorer le blason de ce pauvre clitoris. Il infantilise une sexualité clitoridienne qui serait non organisée et ne reconnaît qu'à l'orgasme vaginal d'être digne d'une sexualité adulte et structurée (Arghh !). Le fait que la gynécologie soit très longtemps restée dominée par des hommes (cela n'évolue que lentement) qui peuvent être extrêmement conservateurs non seulement n'aide pas la recherche et donc les femmes, mais surtout se traduit en violences gynécologiques et obstétricales.

«L'utérus n'est pas plus honteux que l'estomac, le cœur ou le cerveau», répondait Madeleine Pelletier au début du XXe siècle. «Les hommes se sentent menacés par ce qui aurait une apparence phallique chez la femme, c'est pourquoi ils insistent pour que le clitoris soit enlevé», expliquait l'intellectuelle freudienne Marie Bonaparte dans ses «Notes sur l'excision». Mais c'est surtout avec les féministes des années 1970 que la libération du corps des femmes passe par une réappropriation du savoir et que, plus encore, naît une fierté clitoridienne, vaginale, utérine, ovarienne. «L'utérus appartient aux femmes comme l'usine aux ouvriers», écrit Antoinette Fouque, écrivaine et cofondatrice du MLF.

> Savoir cuisiner n'est pas une compétence préinstallée dans le vagin.
>
> Chimamanda Ngozi Adichie, écrivaine

Des femmes apprennent alors à d'autres femmes l'autopalpation, la découverte de leur corps. En 1975, dans le prolongement de *Our Bodies, Ourselves* paraît ainsi le *Cunt Coloring Book*: un cahier de coloriage de vulves, par l'artiste lesbienne Tee Corinne. Un best-seller! Dans l'histoire du féminisme, on a occulté l'importance des lesbiennes: on leur doit pourtant une grande partie de la production théorique et pratique de ces années-là, et notamment donc la réappropriation du savoir sur le corps des femmes. En 2016, la chercheuse française Odile Fillod crée une représentation en trois dimensions de l'organe bulboclitoridien. Surprise ! Il est vachement grand, en fait ! Et, en 2017, minirévolution éditoriale, le clitoris fait son entrée dans un manuel scolaire de biologie – une étape décisive dans l'éducation des adolescents. Cet organe mystérieux tend même à devenir le symbole d'une féminité libérée du mâle ou, du moins, d'une sexualité ne se résumant plus à la pénétration. Le clito entre donc dans une ère publique : statue géante, pochoirs sur les trottoirs, affiches... il est partout ! Il s'invite même dans le langage, féminisant les expressions par trop « couillues » : « Je m'en bats le clito », « Tu me casses le clito » !

Les mains levées, les doigts formant une sorte de losange ou de triangle inversé (symbole du vagin) ont été le geste de la génération de femmes en lutte des années 1970. L'irruption de ce geste sur la scène publique est alors considérée comme un acte obscène. On le trouve en Italie et en France, sur la couverture du troisième numéro du *Torchon brûle*. Les femmes venues soutenir Marie-Claire, lors du procès de Bobigny en novembre 1972, le font également. Il est attesté, lors du meeting de 1976 à la Mutualité, contre le viol. Après avoir disparu, il a ressurgi ces dernières années dans les manifestations féministes, en France comme ailleurs.

Les mots qui désignent les organes génitaux féminins, longtemps tus, considérés comme sales, vulgaires, sont désormais assumés. Le vagin a même depuis 1996 son *Monologue* (titre d'une pièce de théâtre à grand succès d'Eve Ensler); « *Viva la vulva* » se graffite sur les murs des villes. Pour concurrencer les innombrables dessins de pénis, les féministes invitent à dessiner des vulves. L'artiste japonaise Megumi Igarashi réalise un kayak vaginal : une embarcation réalisée à partir d'un moulage de son propre vagin ; le collectif féministe Vagina Guerilla lance des campagnes de diffusion massive de dessins de vulves, et l'album de coloriage de Tee Corinne est réédité ! Quelques exemples parmi tant d'autres, mais qui témoignent de ce que certaines appellent la « révulvition » !

#PAYETONUTÉRUS

Depuis *Our Bodies, Ourselves*, les féministes ont nourri le combat contre une science sexiste, dénonçant en particulier la consultation gynécologique. C'est là que se transmettent des normes qui tendent à renforcer les inégalités de genre et à reproduire une image négative du corps féminin. Il est temps, au contraire, de développer et de diffuser un «contre-savoir» médical féminin et féministe. Les féministes interviennent régulièrement sur ces questions, dénoncent le manque de recherche sur les effets secondaires de la pilule, le scandale du Distilbène (prescrit aux femmes enceintes pour éviter les fausses couches et qui fut à l'origine de cancers pour les mères et de graves malformations génitales pour leurs enfants) et les infections produites par certains stérilets.

En 2014, l'apparition sur Twitter du hashtag #PayeTonUtérus a inauguré le début d'une longue série de témoignages de femmes dénonçant les propos malveillants ou infantilisants dont elles sont l'objet lors de leur suivi gynécologique: les jugements sur leur sexualité, le non-respect de leurs droits de patiente (notamment celui d'être informée et de pouvoir refuser des soins), la brutalité des actes pouvant aller jusqu'à l'agression sexuelle et au viol. La même année, une sage-femme révélait dans un article de blog la pratique du «point du mari», consistant, lors de la suture du périnée après une déchirure ou une épisiotomie durant l'accouchement, à resserrer l'entrée du vagin en faisant un point supplémentaire, dans le but de procurer plus de plaisir audit mari durant les rapports sexuels... Depuis quelques années, la notion de violences gynécologiques et obstétricales s'est largement diffusée dans les médias, donnant lieu à un rapport du Haut Conseil à l'égalité, en 2018. En attendant que des mesures soient prises, les femmes se transmettent les noms des gynécos de confiance, comme les listes noires...

MON COSTUME DIT À L'HOMME :

« Je suis ton égale »

Comme l'avait bien compris Madeleine Pelletier (ce titre est d'elle), le corps des femmes est aussi sous le coup d'injonctions vestimentaires, qui entravent les mouvements, imposent des normes esthétiques dictées par le regard masculin et relayées par la presse féminine. Portez une jupe, un pantalon, un corset, un soutien-gorge (rembourré, c'est mieux, haut les seins!), puis des talons aussi; rasez-vous les aisselles, le pubis; asseyez-vous jambes serrées; marchez à petits pas; tenez-vous en retrait; ne sifflez pas; gardez la ligne, mais sans être maigre… Au secours! Il y aurait à dire sur tout; faute de place, contentons-nous de deux exemples.

Passionnante est l'histoire de la lente conquête par les femmes du pantalon – emblème de masculinité et donc de pouvoir. En s'appropriant ce vêtement, les femmes sont soupçonnées de s'arroger des droits auxquels elles ne sauraient prétendre. En entretenant la confusion des sexes, la femme qui « porte la culotte » porte atteinte à l'ordre établi, comme en témoigne le sens figuré de cette expression! Lesbophobie et antiféminisme se retrouvent souvent sur ce sujet. Le pantalon est un vêtement fermé, à la différence de la jupe qui souligne l'accessibilité du sexe féminin, sa pénétrabilité. Qui plus est, les jupes du XIXe siècle et du début du XXe sont longues, épaisses et posées sur des couches de jupons. Autant dire qu'elles entravent les mouvements ! « Le vêtement de la femme reflète son esclavage social. On habille le petit garçon en vue de la commodité : bras et jambes libres ; mais de la petite fille, on vise avant tout à faire une jolie poupée et la frivolité dont on l'imprègne avec les chiffons lui restera la plupart du temps toute sa vie », écrivait Madeleine Pelletier (« Comment s'habiller ? », *L'Ouvrière*, 27 mars 1924).

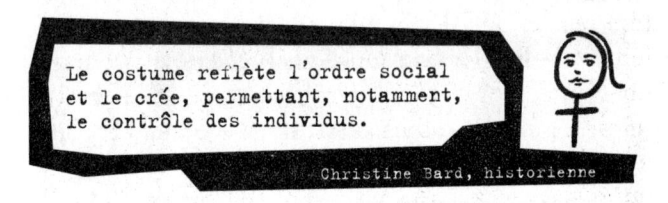

> Le costume reflète l'ordre social et le crée, permettant, notamment, le contrôle des individus.
>
> Christine Bard, historienne

Sous la Révolution française, c'est entre autres la peur que les femmes sans-culottes réclament le port du pantalon qui sert de prétexte à leur retirer le droit d'association. En 1800, le Consulat met, comme à son habitude, un tour de vis en promulguant un décret qui leur interdit le pantalon, sauf « autorisation de travestissement » pour raison médicale ou professionnelle. En 1909, on fait un tout petit peu évoluer cette permission, en autorisant ces dames à porter le pantalon dans le cas où elles feraient du vélo, du ski ou encore du cheval. Sympa…

Certaines féministes vont, pourtant, et même précisément pour cela, le revendiquer. L'écrivaine George Sand, la peintre Rosa Bonheur, la sculp-trice Gisèle d'Estoc, la psychiatre Madeleine Pelletier sont les figures les plus connues, mais non les seules en France.

En 1887, après l'incendie de l'Opéra-Comique où les femmes, gênées par leur robe, n'avaient pu fuir assez vite et avaient péri, Marie-Rose Astié de Valsayre initie une pétition envoyée à la Chambre des députés pour défendre la « liberté de costume ». En 1930, la sportive Violette Morris perd son procès contre la Fédération féminine sportive de France, qui l'avait radiée pour cause d'« habillement masculin, donnant un mauvais exemple à la jeunesse ».

> En tant que femme qui a été conditionnée très jeune pour écouter ce que les hommes me disaient de faire, j'ai décidé de reprendre le pouvoir. Aujourd'hui, je porte le pantalon.
>
> Lady Gaga, compositrice et chanteuse

Peu à peu pourtant, le pantalon se répand, s'accepte, même s'il a fallu attendre la fin des années 1960 pour qu'il soit autorisé dans les écoles (c'était, au demeurant, une des revendications des lycéennes mobilisées en Mai 1968), les tribunaux, l'Assemblée nationale ou certaines entreprises (en 2005 pour les hôtesses d'Air France). Notez que, de nos jours, on continue à imposer la jupe aux joueuses de tennis. Mais, pas de bol, le développement du pantalon fait de la jupe, par effet retour et pervers, l'emblème d'une liberté suspecte, d'un érotisme déplacé... Si, en 1978, on interdisait à une députée communiste, Chantal Leblanc, d'entrer en pantalon dans l'hémicycle, en

2012, la ministre écologiste Cécile Duflot y était sifflée pour port de la robe.

De plus en plus de femmes abandonnent de nos jours leur soutien-gorge : un mouvement *#NoBra* qui revendique d'abord le confort, mais porte aussi un message féministe d'émancipation des diktats esthétiques masculins. *#FreeTheNipple*, libérez le téton ! Rien de bien neuf puisqu'en septembre 1968, alors que l'élection de Miss America se prépare à Atlantic City, des féministes américaines décident de venir perturber ce concours de beauté jugé dégradant et stupide, et appellent à jeter leur soutien-gorge dans des «*Freedom Trash Can*» («poubelles de la liberté»). Passée à la moulinette de l'antiféminisme, cette action devient le mythe des féministes brûlant leurs soutifs…

Amusant retournement de l'histoire, quand on sait que le soutien-gorge fut au départ envisagé pour libérer les femmes d'un sous-vêtement encore plus contraignant : l'ignoble corset ! Le corset fait la taille fine, la belle affaire… Il provoque surtout malaises, indigestions, douleurs au dos et aux côtes, entrave la respiration et les mouvements les plus simples – marcher, courir, se pencher, s'asseoir.

> Je ne mets jamais de corset.
> Flora Tristan, autrice

Et c'est pour libérer la femme qu'en 1898 Herminie Cadolle dépose le brevet du tout premier soutien-gorge moderne. Or, savez-vous qui est Herminie Cadolle ? Une ancienne ouvrière d'une usine de corsets justement ; une militante socialiste, féministe, communarde, membre de l'Union des femmes pour la défense de Paris et les soins aux blessés, proche de Louise Michel – laquelle réclamait le droit de vote pour les femmes, celui d'ouvrir un compte en banque et qui fera de la prison pour son engagement. J'avoue y penser parfois en mettant mon soutien-gorge !

Mais, repris en main (si l'on peut dire), le soutien-gorge devient peu à peu un outil d'aliénation : armatures, coussinets, rembourrages se perfectionnent ; les seins doivent se formater pour attirer les regards (tout aussi formatés) des hommes. Nul doute qu'Herminie serait #*NoBra* dans ce contexte !

> N'oubliez jamais qu'il suffira d'une crise politique, économique ou religieuse pour que les droits des femmes soient remis en question.
>
> Simone de Beauvoir, philosophe

CHRONOLOGIE
(depuis 1791)

1791 : Olympe de Gouges rédige la *Déclaration des droits de la femme et de la citoyenne*. Égalité femme-homme dans le droit successoral.

1792 : Égalité femme-homme dans le droit civil du mariage et du divorce (alors reconnu). Suffrage universel masculin. Les citoyennes républicaines et révolutionnaires déposent une pétition pour le droit d'entrer dans l'armée.

1793 : Le droit d'association politique n'est plus reconnu aux femmes (décret Amar).

1795 : Les femmes n'ont plus le droit d'assister aux débats parlementaires ni de s'attrouper à plus de cinq dans la rue.

1802 : Solitude est exécutée en Guadeloupe, le lendemain de son accouchement.

1804 : Code civil napoléonien : incapacité juridique de la femme mariée.

1810 : Code pénal, « article rouge ».

1816 : Suppression totale du divorce (loi Bonald).

1832 : Premier journal entièrement écrit par des femmes : *La Femme libre. A postolat des femmes.*

1848 : Retour du suffrage universel masculin. Naissance de *La Voix des femmes*.

1849 : Jeanne Deroin se présente à l'élection législative.

1850 : La loi Falloux oblige les communes de plus de 800 habitants à ouvrir une école primaire pour les filles.

1861 : Julie Daubié, première bachelière.

1866 : Condamnation du travail des femmes par la section française de l'AIT.

1867 : Loi Victor-Duruy sur l'enseignement féminin.

1869 : André Léo crée la Société pour la revendication des droits civils de la femme et Maria Deraismes, le journal *Le Droit des femmes*.

1870 : Création de l'Association pour le droit des femmes.

1874 : Première loi visant à protéger les femmes au travail (interdiction du travail le dimanche).

1875 : Madeleine Brès, première femme médecin.

1876 : Le Congrès ouvrier de Paris affirme que « la place des femmes est au foyer ». Hubertine Auclert fonde l'association Le Droit des femmes.

1879 : Hubertine Auclert fait voter le principe de l'égalité des sexes au Congrès ouvrier de Marseille.

1880 : La loi Camille-Sée organise l'enseignement secondaire féminin.

1881 : Le 14 juillet, manifestation féministe « Enterrement du droit des femmes ».

Chronologie

1882 : Les lois Ferry rendent l'école primaire obligatoire et gratuite pour les filles comme pour les garçons.

1884 : La loi autorise le divorce aux mêmes conditions qu'en 1804.

1888 : Fondation de la Ligue internationale des femmes et de l'Union internationale des femmes.

1892 : La loi limite la journée de travail à onze heures pour les femmes. Il est interdit de les faire travailler la nuit. Utilisation de l'adjectif « féministe » par les femmes.

1897 : Marguerite Durand fonde le journal *La Fronde*.

1900 : La loi du 1er décembre ouvre le barreau aux femmes (Jeanne Chauvin devient la première avocate).

1903 : Marie Curie reçoit le prix Nobel de physique.

1906 : Madeleine Pelletier est la première femme médecin diplômée en psychiatrie.

1907 : Les femmes mariées disposent librement de leur salaire.

1909 : Instauration d'un congé maternité de huit semaines garantissant l'emploi, mais sans traitement (sauf pour les enseignantes, à partir de 1910). Le port du pantalon n'est plus un délit si la femme tient à la main une bicyclette ou un cheval !

1910 : 17 candidates à Paris.

1912 : Les femmes ont le droit de faire une recherche en paternité.

1913 : Campagne de la CGT pour que les femmes ne travaillent pas le samedi ; motif : c'est réservé pour le ménage !

1918 : Les femmes obtiennent le droit de vote en Allemagne, au Royaume-Uni, et bientôt en Turquie. Procès d'Hélène Brion devant le Conseil de guerre.

1919 : Création d'un bac féminin et d'une agrégation féminine de philosophie. La Chambre des députés se prononce en faveur du droit de vote des femmes – rejeté par le Sénat.

1920 : Les femmes mariées peuvent adhérer à un syndicat, sans l'autorisation de leur mari. La propagande antinataliste est interdite.

1924 : Durcissement de la législation contre l'avortement. Les bacs masculin et féminin sont confondus.

1925 : Plusieurs femmes, dont Joséphine Pencalet à Douarnenez, sont élues aux municipales.

1927 : Égalité des salaires femme-homme pour les professeurs.

1928 : La loi sur les assurances sociales : les assurées (et femmes d'assurés) ont droit à une assistance médicale gratuite lors de la grossesse, à un allongement du congé maternité et à des allocations familiales.

1929 : États généraux du féminisme.

1936 : Cécile Brunschvicg, Suzanne Lacore et Irène Joliot-Curie sont nommées sous-secrétaires d'État dans le gouvernement du Front populaire.

1938 : Suppression de l'incapacité juridique de la femme mariée.

1939 : Le Code de la famille prévoit une prime unique pour le premier enfant (légitime et né dans les deux années suivant le mariage), puis des allocations mensuelles pour le deuxième enfant (10 % du salaire) et les enfants suivants (20 % du salaire), et crée une allocation de la mère au foyer.

1940-1944 : Régime de Vichy, retour en arrière en matière de droits des femmes : restriction au droit de divorce, avortement puni de mort, rétablissement de la puissance maritale, incitation au retour au foyer (obligation pour les fonctionnaires).

1943 : Création de l'Union des femmes algériennes.

1944 : Droit de vote des femmes (ordonnance du 21 avril). Les femmes sont admises dans les jurys d'assises.

1945 : Congé maternité de huit semaines, indemnisé à 50 % (100 % pour les enseignantes). Trente-quatre femmes sont élues députées. Création de l'ENA, école mixte ; la magistrature est ouverte aux femmes.

1946 : Le préambule de la Constitution pose le principe de l'égalité des droits des hommes et des femmes, et ce dans tous les domaines. Congé maternité porté à quatorze semaines.

1947 : Germaine Poinso-Chapuis première femme ministre (de la Santé publique et de la Population).

1949 : Célestine Ouezzin Coulibaly organise une marche de plusieurs milliers de femmes pour réclamer la libération de nationalistes incarcérés, en Côte d'Ivoire.

1956 : Fondation de la Maternité heureuse, qui deviendra le Mouvement français pour le planning familial, en 1960. Les six séances de préparation à l'accouchement sans douleur sont remboursables par la Sécurité sociale.

1957 : Procès de Djamila Bouhired.

1959 : L'École nationale des ponts et chaussées est ouverte aux femmes.

1960 : Les mères célibataires peuvent avoir un livret de famille. Procès de Djamila Boupacha.

1965 : La femme n'a plus à demander l'autorisation de son mari pour exercer une profession.

1967 : Autorisation de la contraception (loi Neuwirth).

1970 : Fin du primat de l'autorité paternelle sur l'autorité maternelle. En juillet, parution de « Libération des femmes, année zéro », numéro spécial de la revue *Partisans*, rassemblant des textes de féministes américaines et européennes. Une dizaine de féministes déposent sous l'Arc de triomphe, à Paris, une gerbe à la mémoire de la femme du Soldat inconnu – événement considéré comme l'acte de naissance du MLF.

1971 : La femme reçoit 90 % de son salaire pendant la durée de son congé maternité. Publication du « Manifeste des 343 ». Une cinquantaine de femmes fondent les Gouines rouges, premier groupe lesbien à se nommer comme tel en France. Parution du n° 1 du *Torchon brûle*. Création de l'association Choisir la cause des femmes, autour de Simone de Beauvoir, Gisèle Halimi, Christiane Rochefort, Jean Rostand et Jacques Monod.

1972 : Loi posant le principe de l'égalité de traitement pour des travaux de valeur égale. Procès de

Bobigny. Polytechnique devient mixte : pour le premier concours ouvert, huit femmes sont reçues – dont la major de promotion ! Le groupe Écologie et féminisme est impulsé par Françoise d'Eaubonne, initiant le premier éco-féminisme à la française.

1973 : HEC et l'ESSEC s'ouvrent aux femmes (la première année, le major de HEC est une femme !). Création du MLAC.

1974 : La contraception est remboursée. Lors d'un rassemblement, le MLF appelle à la « grrr-rêve des femmes » contre les tâches domestiques et sexuelles. Françoise Giroud est nommée secrétaire d'État chargée de la Condition féminine, de 1974 à 1976. Elle présente 101 mesures en faveur des femmes : droits propres, lutte contre les discriminations, situation des veuves, des divorcées et des mères célibataires, formation à des métiers dits masculins.

1975 : Autorisation de l'IVG, définitive en 1979 (loi Veil). Les deux époux décident également du lieu de résidence. Ouverture du premier refuge pour femmes battues, à Clichy ; il porte le nom de Flora Tristan. Instauration du divorce par consentement mutuel. Obligation de la mixité scolaire. Assises nationales de la prostitution à la Mutualité, à Paris.

1976 : L'autrice sénégalaise Awa Thiam fonde la Coordination des femmes noires. Manifestation des « Dix heures contre le viol » qui rassemble plusieurs milliers de femmes à la Mutualité.

1977 : À l'initiative des lesbiennes du MLF et du Groupe de libération homosexuelle, manifestation contre la répression de l'homosexualité : première Marche des fiertés, à Paris.

1978 : Procès des Calanques à Aix-en-Provence.

1980 : Le viol est défini légalement. Marguerite Yourcenar est la première femme à entrer à l'Académie française. Interdiction de licencier une femme enceinte et allongement du congé maternité à seize semaines. Amélioration du statut de conjointe d'agriculteur.

1982 : Amélioration du statut de conjointe d'artisan. L'IVG est remboursée.

1983 : La signature des deux époux est désormais obligatoire sur la déclaration de revenus. Nouvelle loi sur l'égalité professionnelle.

1985 : Les enfants légitimes peuvent porter le nom de famille de leur mère accolé à celui du père.

1986 : Circulaire autorisant la féminisation de certains noms de métier ou de fonctions (« écrivaine », « professeure »).

1989 : Première campagne de lutte contre les violences conjugales.

1990 : Arrêt de la Cour de cassation condamnant le viol entre époux.

1992 : Loi réprimant les violences conjugales. Pénalisation du harcèlement sexuel. Institution du délit d'entrave à l'IVG.

2000 : Nouvelle loi sur l'IVG : le délai est porté à douze semaines, l'entretien est facultatif, les mineures peuvent se passer d'autorisation parentale (loi Aubry-Guigou). Loi sur la parité.

Chronologie

2002 : Loi permettant aux parents de transmettre à leur enfant soit le nom du père, soit le nom de la mère, soit les deux noms dans l'ordre choisi par eux.

2006 : Loi repoussant de quinze à dix-huit ans l'âge minimum légal pour le mariage des femmes.

2007 : Première apparition du hashtag #MeToo, dix ans avant la vague internationale de dénonciation des violences sexuelles.

2010 : Loi relative aux violences faites aux femmes, notamment aux violences conjugales.

2014-2016 : Nouvelles lois sur l'IVG ; suppression de la notion de détresse, du délai de réflexion, et remboursement par la Sécurité sociale.

2016 : Loi contre le *revenge porn*.

2017 : #MeToo

2018 : Loi renforçant la lutte contre les violences sexistes et sexuelles.

BIBLIOGRAPHIE

Il existe un nombre considérable d'ouvrages, d'articles, qui traitent de la question des femmes et de leurs luttes en France, sur les deux siècles que couvre cet ouvrage. Je ne pourrai tous les citer, rendre l'hommage qui est dû à chacune ou chacun. Je retiendrai ceux qui me semblent les plus utiles pour un public large, et ceux qui m'ont directement servi pour ce livre. Il faut ensuite chercher les articles, interventions de toutes ces autrices et auteurs pour découvrir des trésors de l'histoire des luttes des femmes! La revue *Clio* offre ainsi une mine d'articles passionnants.

Pour en savoir plus sur l'histoire des femmes, on peut se référer aux livres de Christine Bard (*Les Femmes dans la société française du XXᵉ siècle*, Armand Colin, 2002), aux cinq tomes de l'*Histoire des femmes en Occident* (dir. Georges Duby et Michelle Perrot), ou aux ouvrages de Michelle Zancarini-Fournel (*Histoire des femmes en France, XIXᵉ-XXᵉ siècle*, PUR, 2005, ou «Les Mots de l'Histoire des femmes», numéro de la revue *Clio* dirigée par elle, 2004). Le livre codirigé par Geneviève Dermenjian, Irène Jami, Annie Rouquier et Françoise Thébaud (*La Place des femmes dans l'histoire. Une histoire mixte*, Belin, 2010) est très complet et pensé à destination des enseignants et enseignantes. L'*Encyclopédie politique et historique des femmes*, parue aux Belles Lettres, en 2010, a l'intérêt de présenter des points de vue de philosophes et d'anthropologues. Pour découvrir des femmes invisibilisées, tout en réfléchissant aux procédés de cette invisibilisation, voir *Ni vues ni connues* du collectif Georgette Sand.

⁂

Les luttes, enjeux et débats du féminisme se retrouvent dans *Le Siècle des féminismes*, sous la direction d'Éliane Gubin, Catherine Jacques, Florence Rochefort, Brigitte Studer, Françoise Thébaud et Michelle Zancarini-Fournel, aux Éditions de l'Atelier (2004). On ajoutera les deux ouvrages dirigés par Christine Bard aux PUR, *Les Féministes de la première vague* (2012) et *Les Féministes de la deuxième vague* (2015). Christine Bard a également dirigé *Un siècle d'antiféminisme*, chez Fayard (1991), récemment complété par *Antiféminismes et masculinismes d'hier et d'aujourd'hui* (PUF, 2019). Je vous conseille aussi le très utile *Dictionnaire des féministes* (PUF, 2017). *La Fabrique du féminisme* de Geneviève Fraisse (Le Passager clandestin, 2012) rassemble de nombreux articles de cette grande penseuse du féminisme. Vient juste de sortir *«Ne nous libérez pas, on s'en charge». Une histoire des féminismes de 1789 à nos jours* par Bibia Pavard, Florence Rochefort et Michelle Zancarini-Fournel (La Découverte, 2020). Sur la place des lesbiennes dans le mouvement féministe, la thèse la plus récente est celle d'Ilana Eloit soutenue, en 2018, à la London School of Economics (*Lesbian Trouble: Feminism, Heterosexuality and the French Nation [1970-1981]*).

⁂

L'historienne des femmes sous la Révolution française a d'abord été Dominique Godineau, avec ses *Citoyennes tricoteuses. Les femmes du peuple à Paris pendant la Révolution française* (Perrin, 2004). Sur les enjeux politiques, on peut citer Joan W. Scott, *La Citoyenne paradoxale. Les féministes françaises et les droits de l'Homme* (Albin Michel, 1998), et Éliane Viennot, *Et la modernité fut masculine : la France, les femmes et le pouvoir, 1789-1804* (Perrin, 2016). J'aime particulièrement l'article de Guillaume Mazeau et Clyde Plumauzille, « Penser avec le genre : Trouble dans la citoyenneté révolutionnaire », *La Révolution française* (n° 9, 2015).

⁂

Sur les positions souvent conflictuelles des féministes sur la prostitution on peut lire *Femmes publiques. Les féministes à l'épreuve de la prostitution* de Catherine Deschamps et Anne Souyris (Amsterdam, 2009) et *Mobilisations de prostituées* de Lilian Mathieu (Belin, 2001).

⁂

La spécialiste des femmes de 1830 et 1848 est Michèle Riot-Sarcey (*La Démocratie à l'épreuve des femmes*, Albin Michel, 1993) que l'on complétera avec l'ouvrage qu'elle a dirigé avec Alain Corbin et Jacqueline Lalouette,

Femmes dans la cité, 1815-1871 (Créaphis, 1997). Carolyn J. Eicher a écrit un livre sur les femmes pendant la Commune de Paris. Sidonie Verghaeghe a fait une magnifique thèse sur la postérité de Louise Michel qui apprend beaucoup sur les usages féministes de sa figure.

⁂

Sur le droit à l'instruction, il faut citer Rébecca Rogers et Françoise Thébaud, *La Fabrique des filles. L'éducation des filles, de Jules Ferry à la pilule* (Textuel, 2010), et un livre que j'aime particulièrement de Caroline Fayolle, *La Femme nouvelle : genre, éducation, Révolution (1789-1830)* [CTHS, 2017].

⁂

Le Vote des Françaises : cent ans de débats (1848-1944) d'Anne-Sarah Bouglié-Moalic (PUR, 2012) est incontournable sur la question des luttes pour le droit de vote.

Sur le travail des femmes, on peut se référer à Françoise Battagiola, *Histoire du travail des femmes* (La Découverte, 2000), ou Sylvie Schweizer, *Les femmes ont toujours travaillé. Une histoire du travail des femmes, XIXe-XXe siècle* (Odile Jacob, 2002). C'est un article de Fanny Bugnon, « De l'usine au Conseil d'État, l'élection de Joséphine Pencalet à Douarnenez en 1925 », dans la revue *Vingtième Siècle* (2015, n° 125), qui m'a fait découvrir cette *Penn Sardin*. J'ai emprunté le titre du chapitre « Prolétaires de tous les pays, qui lave vos chaussettes ? » au *Genre de l'engagement dans les années 1968*, sous la direction de Ludivine Bantigny, Fanny Bugnon et Fanny Gallot, qui est une mine sur ces questions (PUR, 2017).

Pour en savoir plus sur celle qui est plus inconnue que le Soldat inconnu, on peut se référer à l'ouvrage dirigé par Evelyn Morin-Rotureau, *1914-1918 : Combats de femmes* (Autrement, 2004). Il y a aussi de nombreux ouvrages sur les femmes dans la Résistance.

L'*Histoire des mères et de la maternité en Occident* a été publiée par Yvonne Knibiehler aux PUF, en 2000. Jean-Yves Le Naour et Catherine Valenti ont écrit une *Histoire de l'avortement* (Seuil, 2003), à compléter par la thèse de Bibia Pavard, *Si je veux, quand je veux. Contraception et avortement dans la société française (1956-1979)* [PUR, 2012]. J'ai découvert l'avortement Karman dans un article de Béatrice Kammerer, «La Méthode Karman, une histoire oubliée de l'avortement illégal en France» (*Slate*, 31 mai 2017). Elle s'appuie sur la thèse de Lucile Ruault : *Le Spéculum, la canule et le miroir. Les MLAC et mobilisations de santé des femmes, entre appropriation féministe et propriété médicale de l'avortement (France, 1972-1984)*, soutenue en 2017, à Lille.

Le numéro 23 de la revue *Clio* (2011), sous la direction de Pascale Barthélémy (à qui l'on doit *Africaines et diplômées à l'époque coloniale, 1918-1957*, PUR, 2010), Luc Capdevila et Michelle Zancarini-Fournel, rassemble des articles pionniers sur la colonisation, au prisme du genre. Le premier travail d'ampleur sur les femmes dans la guerre d'Algérie est dû à Djamila Amrane (une ancienne combattante de la guerre d'Algérie) : *Les Femmes algériennes dans la guerre* (Plon, 1991). L'historienne Raphaëlle Branche a travaillé sur les viols pendant la guerre d'Algérie (*Vingtième Siècle*, n° 75, 2002/3). Sur les cérémonies de dévoilement, on peut consulter Neil MacMaster, *Burning the Veil: The Algerian War and the "Emancipation" of Muslim Women, 1954-1962* (Manchester University Press, 2009). Dans *Le Ventre des femmes : capitalisme, racialisation, féminisme* (Albin Michel, 2017), Françoise Vergès analyse les avortements forcés dans les DOM.

On doit à Georges Vigarello une *Histoire du viol (XVIe-XXe siècle)* [Seuil, 1998], à compléter par *Le Corps en lambeaux. Violences sexuelles et sexuées faites aux femmes* (PUR, 2016) de Lydie Bodiou, Frédéric Chauvaud, Ludovic Gaussot, Marie-José Grihom et Myriam Soria. L'ouvrage de Victoria Vanneau, *La Paix des ménages. Histoire des violences conjugales, XIXe-XXIe siècle* (Anamosa, 2016), fait l'histoire du traitement judiciaire des violences conjugales. *Une culture du viol à la française* de Valérie Rey-Robert est une référence sur cette question (Libertalia, 2019). Signalons aussi *L'Impossible Consentement. L'affaire Joséphine Hugues* (Détour, 2018), sur une affaire de viol sous hypnose sous le Second Empire. C'est grâce au site L'histgeobox (un blog génial tenu par des profs d'histoire-géo et qui fait l'histoire à partir de la musique) que j'ai découvert la chanson *Douce Maison*.

Sur les batailles du corps, je vous renvoie pour une approche générale au livre de Camille Froideveaux-Metterie, *Le Corps des femmes. La bataille de l'intime* (Philosophie Magazine, 2018). Elle a aussi écrit en 2020 un magnifique ouvrage sur les seins (Anamosa). Dans *Ceci est mon sang*, Élise Thiébaut retrace l'histoire des règles (La Découverte, 2019). Christine Bard est la spécialiste de l'histoire politique du vêtement avec, en particulier, *Ce que soulève la jupe : identités, transgressions, résistances* (Autrement, 2010) et *Une histoire politique du pantalon* (Seuil, 2010). Citons aussi *Une histoire des sexualités*, sous la direction de Sylvie Steinberg (PUF, 2018). La question des violences gynécologiques et obstétricales a fait l'objet de travaux récents avec, notamment, la thèse (malheureusement non publiée) de Laurence Guyard, *La Médicalisation contemporaine du corps de la femme. Le cas de la consultation gynécologique* (soutenue en 2008, à l'université de Paris X).

Je prie toutes celles et ceux que j'aurais omis de citer de bien vouloir m'en excuser.

PRÉCISIONS SUR LES SLOGANS
ET LES CITATIONS

La rue est à nous.
Collage, place de la République, Paris, 7 mars 2020.

———

Il est temps que les femmes arrêtent d'être aimablement énervées.
Leymah Gbowee (née en 1972), travailleuse sociale et militante libérienne, discours pour la réception de son prix Nobel de la paix, 2011.

———

Nous devons libérer la moitié de la race humaine, les femmes, afin qu'elles puissent nous aider à libérer l'autre moitié.
Emmeline Pankhurst (1858-1928), femme politique britannique.

———

Personne n'a pris la peine de parler de la façon dont le sexisme opère à la fois indépendamment du racisme et simultanément à celui-ci pour nous opprimer.
Bell Hooks (née en 1952), professeure et écrivaine américaine, *Ne suis-je pas une femme ? Femmes noires et féminisme*, 1981.

———

Le plus souvent dans l'histoire, « anonyme » était une femme.

Virginia Woolf (1882-1941), écrivaine britannique.

—

Tout ce qui a été écrit par les hommes sur les femmes doit être suspect, car ils sont à la fois juge et partie.
François Poullain de La Barre (1647-1723), philosophe français.

—

Nous ne sommes pas hystériques, nous sommes historiques !
Pancarte, manifestation de défense de la bibliothèque Marguerite-Durand, Paris, été 2017.

—

Nous, les femmes, nous voulons être la moitié de tout [...]. Le monde qui viendra devra s'habituer partout, à la présence partout, la présence forte de nos filles, de vos filles.
Christiane Taubira (née en 1952), ancienne garde des Sceaux, Paris, 2017.

—

C'est le code masculin, c'est la société élaborée par les mâles et dans leur intérêt qui a défini la condition féminine sous une forme qui est à présent pour les deux sexes une source de tourments.
Simone de Beauvoir (1908-1986), philosophe française, *Le Deuxième Sexe*, 1949.

—

Il est temps que vous ne voyiez plus en nous des femmes serviles, des animaux domestiques.
La Société des citoyennes républicaines révolutionnaires, aux Jacobins, 27 mai 1793.

—

Les femmes n'ont pas à fêter le quatre-vingt-neuf masculin ; elles ont à faire un quatre-vingt-neuf féminin.

Hubertine Auclert (1848-1914), femme politique et journaliste française.

—

Je ne serais jamais l'épouse d'un Édouard qui me donnerait quelques pièces chaque matin et m'en demanderait compte le soir.
Gisèle Halimi (1927-2020), avocate française.

—

Émeutières, pas ménagères !
Graffiti à Toulouse, 2018.

—

Le succès ou l'échec d'une révolution peut toujours se mesurer au degré selon lequel le statut de la femme s'en est trouvé rapidement modifié dans une direction progressive.
Angela Davis (née en 1944), professeure et femme politique américaine.

—

Il faudrait raisonner un peu : croit-on pouvoir faire la révolution sans les femmes ? Voilà quatre-vingts ans qu'on essaie et qu'on n'en vient pas à bout. Pourquoi cela ? C'est que beaucoup de républicains n'ont détrôné l'Empereur et le bon Dieu que pour se mettre à leur place ; il leur faut des sujettes !
André Léo (1824-1900), romancière et journaliste française, *La Guerre sociale*, 1871.

—

Qui pourrait dire que la diffusion dès lumières amassées par la science n'est pas aussi bien le besoin de notre sexe que celui de l'autre ?
Manifeste pour la Société pour l'émancipation des femmes, 16 mars 1848.

La révolution sera féministe ou ne sera pas.
Graffiti, place de la République, Paris, 7 mars 2020.

—

De ce que la gestation se fait dans l'utérus et non dans la prostate, je ne vois pas que l'on puisse conclure à l'impossibilité, pour qui est pourvu d'un utérus, de voter ou d'être élue.
Madeleine Pelletier (1874-1939), psychiatre française, 1908.

—

Créons des droits à notre usage / À notre usage, ayons des lois!
Louise de Chaumont, *La Marseillaise des cotillons*, 1848.

—

Urne de mensonge qui est un outrage à l'égalité des sexes.
Hubertine Auclert (1848-1914), journaliste et femme politique française, *Le Petit Journal*, 17 mai 1908.

—

À celle qui est plus inconnue que le Soldat inconnu.
En référence à la gerbe déposée par des femmes le 26 août 1970 sous l'Arc de triomphe à Paris avec le message « Il y a encore plus inconnu que le Soldat inconnu, sa femme. »

—

Who run the world? Girls!
Beyoncé (née en 1981), chanteuse et compositrice américaine, 2011.

—

On s'en fout / On aura la semaine anglaise / On s'en fout / On aura nos vingt sous !
Chanson des midinettes, 1917.

—

Je suis ennemie de la guerre, parce que féministe. La guerre est le triomphe de la force brutale; le féminisme ne peut triompher que par la force morale et la valeur intellectuelle.

Précisions sur les slogans et les citations 273

Hélène Brion (1882-1962), institutrice pacifiste et féministe, lors de son procès en 1918.

—

En ce temps-là, pour ne pas châtier les coupables, on maltraitait des filles. On allait même jusqu'à les tondre.
Paul Éluard (1895-1952), poète français, exergue à *Comprenne qui voudra*, 1944.

—

Prolétaires de tous les pays, qui lave vos chaussettes ?
Slogan, années 1960.

—

C'est pas les domestiques qu'il faut trousser, mais le sexisme !
Slogan, Paris, mai 2011.

—

Ce que l'ouvrière veut ce n'est plus l'aumône organisée, c'est le travail justement rétribué.
La Voix des femmes, 14 avril 1848.

—

Le racisme a toujours été une force de division séparant les hommes noirs et les hommes blancs, et le sexisme a été une force unissant ces deux groupes.
Bell Hooks, professeure et écrivaine.

—

Un racisme à peine voilé.
Pancarte, manifestation contre l'islamophobie, Paris, 10 novembre 2019.

—

Je tenais un discours ultra-révolutionnaire, j'étais parfois plus homme que les hommes. Je prônais l'idée que le développement de la société suffirait à transformer la situation des femmes.
Gisèle Rabesahala, femme politique.

—

Djamila Boupacha représentait un peu toutes les causes que je défendais : l'intégrité du corps de la femme, son respect, son indépendance, son autonomie, son engagement politique, et la cause de l'anticolonialisme.
Gisèle Halimi, avocate.

—

Un enfant… si je veux… quand je veux.
Slogan du MLAC au début des années 1970.

—

La femme, prenant conscience de sa personnalité, cherche à n'être plus exclusivement une procréatrice.
Madeleine Pelletier (1874-1939), psychiatre et féministe française.

—

Nous ne pouvons plus fermer les yeux sur les trois cent mille avortements qui, chaque année, mutilent les femmes de ce pays, qui bafouent nos lois et qui humilient ou traumatisent celles qui y ont recours.
Simone Veil (1927-2017), femme politique française, à la tribune de l'Assemblée nationale, le 26 novembre 1974.

—

Aborto legal ya!
Mouvement pour le droit à l'IVG, Argentine, 2018.

—

#MeToo
Hashtag devenu viral sur Twitter suite à l'affaire Weinstein.

—

Notre silence ne nous protégera pas.
Audre Lorde (1934-1992), professeure et écrivaine américaine, *Transformer le silence en paroles et en actes*, 1977.

—

Précisions sur les slogans et les citations

Asservies, humiliées, les femmes, / Achetées, vendues, violées.
« Hymne des femmes », 1971.

—

Ce ne sont pas nos jupes qui sont trop courtes mais vos mentalités.
Pancarte, France, 24 novembre 2019.

—

Je rêve d'une France où les femmes qui parlent de viol sont plus écoutées que les hommes qui parlent de voile.
Pancarte, France, 24 novembre 2019.

—

Range ta bite et ton couteau, j'sors ma chatte et mon marteau !
Graffiti, France, 2020.

—

Nos règles, ils s'en tamponnent !
Slogan de la campagne du collectif Insomnia, Paris, octobre 2017.

—

La cup *est pleine.*
Slogan, France, 2020.

—

Pour le sang et la douleur, on a déjà nos règles.
Slogan, France, 23 novembre 2019.

—

Savoir cuisiner n'est pas une compétence préinstallée dans le vagin.
Chimamanda Ngozi Adichie (née en 1977), écrivaine nigériane.

—

Le costume reflète l'ordre social et le crée, permettant, notamment, le contrôle des individus.
Christine Bard (née en 1965), historienne française.

—

En tant que femme qui a été conditionnée très jeune pour écouter ce que les hommes me disaient de faire, j'ai décidé de reprendre le pouvoir. Aujourd'hui, je porte le pantalon.
Lady Gaga (née en 1986), compositrice et chanteuse américaine.

—

À Bra le patriarcat !
Pancarte arborant un soutien-gorge argenté, France, le 8 mars 2020.

—

Je ne mets jamais de corset.
Flora Tristan (1803-1844), autrice féministe française, *Correspondance*, « Lettre à Olympe Chodzko », 1837.

N'oubliez jamais qu'il suffira d'une crise politique, économique ou religieuse pour que les droits des femmes soient remis en question.
Simone de Beauvoir (1908-1986), philosophe française.

INDEX

A

Albrecht, Berty, 125
Ascoët, Suzanne, 153
Astié de Valsayre, Marie-Rose, 248
Aubrac, Lucie, 125
Auclert, Hubertine, 10-12, 19, 58, 61, 63, 64, 105, 111, 114, 115, 117, 170, 252, 271, 272

B

Barbara, 73
Bard, Christine, 16, 30, 247, 261, 262, 267, 275
Baud, Lucie, 61, 150, 151
Bazard, Claire, 89
Beauvoir, Simone de, 42, 170, 177, 250, 256, 270, 276
Bechdel, Alison, 33
Belair, Sanité, 181
Belbéoch, Eulalie, 157
Beyoncé, 125, 272
Bonheur, Rosa, 247
Bonnet, Marie-Jo, 16
Bouhired, Djamila, 177, 178, 182, 256
Boupacha, Djamila, 15, 177, 178, 216, 256
Bujardet, Emma, 135
Butler, Josephine, 72
Butler, Judith, 16

C

Cadolle, Herminie, 249
Capy, Marcelle, 127
Casanova, Danielle, 125
Castellano, Araceli, 15, 215
Chaix, Marie, 111
Chapon, Marguerite, 111
Chapuis, Gabrielle, 111
Chentouf, Mamia, 175
Chenu, Emma, 93, 94
Chopinet, Anne, 96
Claire, 181
Colliard, Lucie, 156
Condorcet, Marie Jean Antoine Nicolas de, 40, 47, 92

Corinne, Tee, 241, 243
Crouzat, Louise, 89
Curie, Marie, 123, 253

D

Daubié, Julie-Victoire, 72, 93, 94, 252
Davis, Angela, 82
Delphy, Christine, 16
Démar, Claire (ou d'Eymard, ou Desmard), 89
Deraismes, Maria, 72, 90, 252
Deroin, Jeanne, 11, 19, 61, 62, 84, 85, 91, 110, 252
Despentes, Virginie, 8
Dmitrieff, Élisabeth, 85
Duchêne, Gabrielle, 130
Durand, Marguerite, 12, 31, 111, 114-116, 118, 253

E

El Fassi, Malika, 175
Ensler, Eve, 243
Estoc, Gisèle d', 247

F

Fairuz, 183
Fouque, Antoinette, 241
Fourcade, Marie-Madeleine, 125

G

Gbowee, Leymah, 12, 269
Gonidec, Angelina, 157

Gouges, Olympe de, 19, 43, 45-49, 61, 81, 251
Groult, Benoîte, 46
Guérin, Marie, 91
Guindorf, Marie-Reine, 84

H

Haenel, Adèle, 7, 219
Halimi, Gisèle, 15, 60, 170, 177, 178, 193, 216, 217, 256, 271
Heureuse, Marie-Claire, 181
Hooks, Bell, 17, 166, 269

I

Igarashi, Megumi, 243
Imany, 238

J

Jaclard, Anna, 94
Joly, Émilie, 111

K

Kauffmann, Caroline, 61, 63, 111
Keïta, Aoua, 176
Kergomard, Pauline, 91, 95, 96, 115

L

Lacombe, Claire, 39
Laloé, Jeanne, 111
Lamaze, Fernand, 198-200

Lecoq, Titiou, 64
Lemel, Nathalie, 83, 85
Lemonnier, Élisa, 93, 94
Léo, André (pseudonyme de Léodile Béra), 90, 94, 252, 271
Léon, Pauline, 39, 117
Lorde, Audre, 210, 274

M

Maïga, Aïssa, 7
Marie-Claire, 193, 242
Martin Cissé, Jeanne, 176
Mauriceau, Florestine, 31
Métivier, Adèle, 111
Michel, Andrée, 170
Michel, Louise, 61, 83, 91, 97, 117, 250, 264
Morris, Violette, 248
Mortier, Renée, 111

N

Neiertz, Véronique, 196
Ngozi Adichie, Chimamanda, 241, 275
Niboyet, Eugénie, 11, 61, 84, 89

O

Ouezzin Coulibaly, Célestine, 176, 255

P

Parker Fraley, Naomi, 138
Pelletier, Madeleine, 12, 61, 69, 72, 104, 111, 114, 116, 189, 232, 241, 246, 247, 253, 272, 274
Pencalet, Joséphine, 61, 111, 151, 156-158, 160, 254, 264
Perrot, Michelle, 26, 151, 261

R

Rabesahala, Gisèle, 175, 176
Rasoanoro, Zèle, 176
Réal, Grisélidis, 73
Richard, Marthe, 72, 73, 167
Roland, Pauline, 61, 89, 91, 110
Roudy, Yvette, 196
Rouzade, Léonie, 110

S

Sand, George (pseudonyme d'Aurore Dupin), 89, 247
Sciamma, Céline, 7, 219
Sée, Camille, 95, 252
Sée, Hélène, 115
Séverine (pseudonyme de Caroline Rémy), 115, 132
Seyrig, Delphine, 193
Solitude, 179-181, 251
Sylvestre, Anne, 226

T

Tesson, Marthe, 111
Thiam, Awa, 17, 257
Tillion, Germaine, 177
Tonglet, Anne, 15, 215, 217
Tristan, Flora, 61, 89, 249, 257, 276

U

Ulla, 73

V

Variot, Augustine, 111
Veil, Simone, 194, 195, 257, 274
Véret, Désirée (épouse Gay), 84, 89
Vergès, Françoise, 181, 191, 266
Vériane, Renée de, 115
Vincent, Eliska, 31
Voilquin, Suzanne, 84, 89

W

Wittig, Monique, 16
Woolf, Virginia, 24, 270

Z

Zetkin, Clara, 130

Table des matières

Introduction **7**
   Le peuple souverainS 18

1. Nous qui sommes sans passé, les femmes, nous qui n'avons pas d'histoire **21**
L'histoire de l'histoire des femmes 23
*Her*story 26
   Le test de Bechdel-Wallace 33

2. Femme, réveille-toi ! **35**
Citoyennes ! 37
L'universel en trompe l'œil 41
Les droits de la femme et de la citoyenne 45
Citoyennes tricoteuses 50
   Le port de la culotte 51

3. Le nouvel ordre des sexes **55**
Le Code écrase la femme 57
   Hubertine Auclert, « Les Contrats de mariage » 64
Du piédestal domestique à l'asile de folles 67
Prostitution : des filles qui ne sont pas à la noce 70

Tract du Groupe Femmes, 14ᵉ arrondissement de Paris, 1975..................... 75

4. Émeutières, pas ménagères ! **79**
Les femmes des barricades 81
Ne me libère pas, je m'en charge ! 84
À toutes celles qui tenaient la tranchée 89
Le droit à l'instruction 91
Louise Michel, extraits d'écrits féministes 97

5. La femme doit voter **101**
Toutes suffragettes 103
La femme doit voter 109
Non à l'Assemblée « natio-mâle » 110
Les 24 avril et 8 mai 1910 à l'assaut
   des urnes ! 114
Florilège des raisons bien pourries opposées
aux femmes qui voulaient voter ou être élues 118

6. À celle qui est plus inconnue que le Soldat inconnu **121**
Les femmes, ça part pas, ça meurt à petit feu 123
Le chemin, des dames en lutte ! 129
Les femmes n'ont été que les domestiques
   de la guerre 132
Rosie la riveteuse 137
« La Femme du soldat inconnu » 139

7. Prolétaires de tous les pays, qui lave vos chaussettes ? **143**
Les femmes ont toujours travaillé ! 145
Travailleuses en lutte pour leurs droits 149

Métro, boulot, berceau 154
Osez, osez, Joséphine 156
  « Penn Sardin » (2005) 161

8. Sexe, race, luttes et colonies **163**
Les colonies au prisme du genre 165
Dévoilez ce *haïk* que nous ne saurions voir 171
Décoloniales et féministes 174
Solitude, femme debout ! 179
  « Djamila Bouhired » 182

9. Un enfant… si je veux… quand je veux **185**
Occupe-toi de tes prières, on s'occupe
  de nos ovaires 187
Mon corps, mon droit, mon choix 192
Je n'enfanterai pas dans la douleur ! 198
  « Manifeste des 343 », paru dans Le Nouvel
  Observateur *n° 334 du 5 avril 1971* 200

10. #MeToo **207**
Pénis partout, justice nulle part 209
Quand une femme dit non, c'est non ! 215
Pour que la peur change de camp 218
Viol conjugal, viol légal 220
  « Manifeste contre le viol », Libération,
  le 16 juin 1976 223
  « Douce Maison », Anne Sylvestre, *1978* 226

11. Notre corps, nous-mêmes **229**
Ne me touche pas, je m'en charge ! 231
Bois mes règles 233
Utérus, vagin, clitoris, même combat ! 239

#PayeTonUtérus 244
Mon costume dit à l'homme : « Je suis ton
   égale » 246

Chronologie (depuis 1791) 251

Bibliographie 261

Précisions sur les slogans et les citations 269

Index 277

De la même autrice
chez le même éditeur :

Des intrus en politique : femmes et minorités, dominations et résistances, avec Aude Lorriaux.
Il était une fois les révolutions, illustrations d'Agata Frydrych.

Le Livre de Poche s'engage pour l'environnement en réduisant l'empreinte carbone de ses livres. Celle de cet exemplaire est de : 250 g éq. CO$_2$
Rendez-vous sur www.livredepoche-durable.fr

PAPIER À BASE DE FIBRES CERTIFIÉES

Composition réalisée par Lumina Datamatics, Inc.

Achevé d'imprimer en janvier 2022, en France sur Presse Offset par
Maury Imprimeur – 45330 Malesherbes
N° d'imprimeur : 260076
Dépôt légal 1re publication : janvier 2022
LIBRAIRIE GÉNÉRALE FRANÇAISE – 21, rue du Montparnasse – 75298 Paris Cedex 06

41/5868/1